莫泊桑

Maupassant

莫泊桑

Maupassant

皮波人物国际名人研究中心 编著

国际文化出版公司

·北京·

图书在版编目（CIP）数据

莫泊桑/皮波人物国际名人研究中心编著.--北京：国际文化
出版公司，2013.2（2024.2重印）
（名人传记丛书）
ISBN 978-7-5125-0453-0

Ⅰ.①莫… Ⅱ.①皮… Ⅲ.①莫泊桑，G.（1850～1893）—
传记 Ⅳ.①K835.655.6

中国版本图书馆CIP数据核字（2012）第269591号

莫泊桑

作　　者	皮波人物国际名人研究中心　编著
责任编辑	潘建农
统筹监制	葛宏峰　刘　毅　周　贺
策划编辑	刘露芳
美术编辑	丁鋆煜
出版发行	国际文化出版公司
经　　销	国文润华文化传媒（北京）有限责任公司
印　　刷	北京一鑫印务有限责任公司
开　　本	700毫米×1000毫米　　　16开
	8印张　　　　　　　　　75千字
版　　次	2013年2月第1版
	2024年2月第3次印刷
书　　号	ISBN 978-7-5125-0453-0
定　　价	31.00元

国际文化出版公司
北京市朝阳区东土城路乙9号　　　　　　邮编：100013
总编室：（010）64270995　　　　　　传真：（010）64270995
销售热线：（010）64271187
传真：（010）64271187-800
E-mail：icpc@95777.sina.net

目录

目录

青少年时代

童年与故乡

法国作家莫泊桑

1850 年，拿破仑的侄子路易·波拿巴夺得了政权后，想重振拿破仑时代的声威。此时，法国已经历经数十年的暴力革命，元气大伤。

在经济方面，鉴于法国当时严重落后于其他工业强国，拿破仑三世举起"平等、权力、技术"的大旗来振兴法国经济。在他执政期间，法国工业得到迅速发展。50 年代到 60 年代，法国完成了工业革命，工业总产量比 40 年代增加了将近两倍，其中铁、钢等产量增加了二至九倍。

1850 年的夏天，法国西北部一个偏僻的省份——诺曼底，是个未受革命和工业发展影响的地方。这里的人民生活简单原始，大都以种地为业。在距大彼海港约十公里的图尔维尔镇上，有一幢名叫米洛美尼尔堡的贵族城堡，它安详地屹立在这纷扰不定的 19 世纪。就在那年的 8 月，这栋别墅成了一个值得纪念的地方。

镇公所登记的出生证明上写着：

> 亨利-勒内-阿尔贝-居伊·德·莫泊桑，男性，于 1850 年 8 月 5 日上午 8 时出生于其父母在本镇的住所；其父居斯塔夫·德·莫泊桑，现年 28 岁，以其收入为生；其母洛尔·勒·普瓦特万，现年 28 岁，以其收入为生；二人皆居住于本镇所辖米洛美尼尔堡……

1894 年 7 月，在莫泊桑去世后，他的母亲写信给朋友说："我住的房间是城堡一楼楼梯间右转的小房间，窗户对着小花园，隔壁是浴室。我的儿子是在早晨八点钟出生的，如火一般的朝阳，似乎热烈地欢迎着他的降生。"

莫泊桑的父母于 1846 年 11 月 9 日在鲁昂结婚后，就到意大利度蜜月。

居斯塔夫和洛尔在鲁昂有几个临时住所。每年夏天，他们都到海边去避暑，或到南方埃特尔塔的小风景区去租个公寓，有时也到埃特尔塔北部的渔港附近租屋居住，以便探望洛尔的寡母。在炎炎盛暑作这种避暑旅行，不仅愉快舒适，也是当时的一种风尚，而且运河西岸的确是游人的好去处，景色美不胜收。

居斯塔夫自诩要靠自己的收入，生活于诗情画意的环境中。由于他出身高贵、相貌堂堂，还是个业余画家，因此，年轻美貌的洛尔早就被他迷住了。

居斯塔夫在婚前过惯了闲散享乐的生活，婚后依然故我。从他1833年拍摄的照片看来，这是个不求上进的纨绔子弟：鬈曲的头发，迷人的目光，尖尖的下巴，逗人的嘴唇，华贵的衣着。而洛尔在照片上却显得目光炯炯、聪明果决，鹅蛋形的脸虽不算特别美丽，倒也别有一番风韵。

在鲁昂地区，洛尔一家也非泛泛之辈。洛尔的父亲保尔非常富有，是两家大纺织厂的主人。洛尔家与福楼拜家原为世交。因为福楼拜不仅是当地有名的外科医生，也是豪特都医院的院长。而且保尔的太太与福楼拜医生的太太又是同学，他们两家的孩子也是一起长大的。福楼拜医生的儿子就是日后那个鼎鼎大名的作家——居斯塔夫·福楼拜。

阿尔弗莱德、洛尔和他们的玩伴小福楼拜及薇吉妮这四个小淘气，常常好奇地聚在豪特都医院的栏杆外，偷看医生们的解剖手术。阿尔弗莱德年龄最大，大伙儿都喜欢听他讲解英国文学和哲学等。有时候，他们也聚在福楼拜医生的弹子房里，排练小福楼拜所编的戏剧。

在这种天真烂漫的戏剧气氛中，洛尔渐渐地喜欢上了文学，尤其醉心于莎士比亚和文学名著。文学的种子植入了洛尔的身体，使得她的气质也有了变化，这种气质，后来也遗传给了她的儿子。

后来，洛尔的哥哥阿尔弗莱德娶了居斯塔夫·福楼拜的妹妹露伊丝，但很不幸，婚后两年，阿尔弗莱德就去世了。

多年以后，福楼拜回忆起这位早夭的青年时代的朋友时说："在我心上，他的位子空着，而热烈的友谊从未熄灭。"

小莫泊桑在米洛美尼尔堡度过了四年时光。没有固定职业的父亲像一只不恋巢的鸟儿，经常外出浪荡，时而在巴黎，时而在鲁昂，时而在迪埃普，时而在费冈。家中事务全由母亲操持。

米洛美尼尔堡及其附近一带，在莫泊桑的眼里，就像一个大花园。莫泊桑生性好动，不愿待在阴暗而寂静的古堡里，总是跑到花圃或者树林里游玩。有的时候，在老女仆的陪伴下，他甚至还穿过古堡前面的那片宽阔的草场，来到低矮的农舍边，与一帮乡下孩子为伍。

莫泊桑四岁时，举家迁至较平民化的格兰维尔—伊莫维尔堡居住。1856 年 4 月，莫泊桑的弟弟艾尔维便在这里出生。这个地方对日后成为作家的莫泊桑来说，具有深刻的影响，以至多年以后，它的影像仍经常浮现在他的记忆里，而莫泊桑总是迫不及待地抓住这飘动的意象，把它固定在文字里。据说莫泊桑的小说《一生》便是用这个地方作为背景。

丈夫放荡的生活终于使洛尔无法忍受了，当然，任何一位妻子都不能容忍丈夫过着在巴黎有情妇、在海滨胜地豪赌的生活，何况洛尔原本就有点神经质，占有欲又强，自然很难做一位温柔贤淑的妻子。

父母常常吵吵闹闹，总会对儿童产生不良的影响。莫泊桑虽然年幼，也能感受到一点他父母间的不和睦和彼此间的痛苦，但他们争吵的原因，他却不得而知。

1860年，居斯塔夫夫妇宣告分居后，他们的儿子一会儿跟爸爸住在巴黎，一会儿与妈妈住在海边。尽管这种生活有很大的情趣，可以使人对人生有更深刻的体会，但是对孩子来说，的确是一种疲于奔命及莫名其妙的经验。也许这种家庭变故，严重地影响了莫泊桑，使他成年后也很难建立起对爱情和婚姻的信任感。

莫泊桑虽然只是个孩子，却已能揭发他父亲的短处，例如他与父亲同住在巴黎时，便写信给他的母亲说："一位夫人带我和爸爸去看马戏时对我说，我如果在学校里用功读书的话，便有奖赏。当然，她也给了爸爸一些奖赏，只是我不知道是些什么奖赏。"还有一个小故事，就是当他们父子俩正要出发去看电影的时候，莫泊桑便故意央求他父亲替他把鞋带系好，他这样做只是为了拖延时间，因为他知道，父亲是不愿意让他的女朋友等太久的。

虽然法国在1884年之前，是不准离婚的，但莫泊桑的父母却在1863年签下了正式分居协议书，协议中规定，居斯塔夫每年付给洛尔1600法郎的家庭赡养费，子女的教养责任仍由父母双方共同负责。这种支付，在当时算是颇优厚了。实际上从那时起，居斯塔夫便搬到巴黎去住了，只偶尔回去探望一下孩子。洛尔便在埃特尔塔住下，负责抚养和教育他们的孩子。

埃特尔塔地处诺曼底北部一片白垩质高原上，这片像秃头一样的高原表面覆盖着一层薄薄的然而肥沃的土壤。原野一望无穷，不时点缀着一群群的奶牛，或者几处农舍。那时的埃特尔塔还只是一个面向大沙滩，背靠悬崖绝壁的渔村而已。后来由于赌场、商店、餐馆的不断兴建，吸引了很多艺术家、名流、富翁、退休银行家、政治家等，他们在这一带建了很多别墅，这里变成了一个避暑胜地。

洛尔和她的两个儿子定居在一幢古老宽敞的名叫"苹果园"的别墅里。房东是位老妇人，从她那荒草蔓延的大花园、陈旧不堪的室内装饰品、古老的家具、陶器、箱子、地毯和暗黑色的壁纸看来，她是个对美有追求，却又懒得珍惜的人。

虽然室内的陈设是那么讲究，但是花园的零乱是非整顿不可的。后来，经过莫泊桑和洛尔的整顿后，他们终于有了一个像样的花园。他们还种了些水松树，那些树到现在还茂盛地生长着。

多年后，莫泊桑曾在回忆这里时说道："苹果树圆蓬蓬的，像一些巨大的花束，苹果花有白的，也有粉红的，香气扑鼻，遮蔽着整个院子，成了一个大花棚。苹果树周围，不断有雪片似的小花瓣散下来，它们飘着，旋转着，落入深深的草丛。"

这幢房子对洛尔有一种特殊的吸引力，所以她才选择在这里长期居住。

据说这幢别墅之所以对她有吸引力，与一个传奇的鬼故事有关。相传，有一天，这所房子的主人奥丽弗小姐与她的女仆在海滩上散步，突然遭遇海盗的劫持，幸亏被天使解救才得以脱险。奥丽弗小姐为了感谢天使的相救，便立下誓言要在海滩附近建一座教堂以示报答。这座教堂距离"苹果园"有八尺远。

当然，作为一个已和丈夫分居的女人，洛尔把一切希望都寄托到了儿子身上。洛尔是个聪慧的女人，她知道自己虽然喜欢文学，但是并没有太多天分。她哥哥阿尔弗莱德又已英年早逝，在这种无可奈何的情况下，她只有全心全力去鼓励她的儿子，在文学方面追求成就，而达到她的愿望了。

莫泊桑从小便在母亲无微不至的关怀下长大成人。他算得上是个幸运的孩子，因为在他的童年里，宠爱他的人除了他的母亲，还有他的外祖母和他外祖母的仆人玛丽·约瑟芬，再就是他的姨妈薇吉妮。这位姨妈住在附近的班南巴斯别墅，常邀莫泊桑到她家去与小表弟杰米玩耍。

从那个时候起，他从当地的农村少年和渔民们身上学得不少当地人的风俗习惯；从与他们的接触中，他也学会了他们的方言，并听到许多怪异的地方传闻。这些经历也成了他日后创作的题材。莫泊桑以诺曼底农村为背景，写了数十篇中、短篇小说。这些小说不但散发着诺曼底泥土的芳香，也展现了诺曼底农村的人情世态，形成了他的创作体系中一个饶有特色的部分。

莫泊桑七岁时照了一张照片，照片里的小男孩看起来像个女孩子，穿着衬衫，头发鬈曲。六年后，他又照了一张，照片里的他看起来像个强壮有力的乡下少年，这是他非常自豪的一件事。

莫泊桑幼时，虽未接受过正式教育，但是埃特尔塔的牧师曾特地抽空教他法文文法、算术、拉丁文等基本课程。他母亲也曾教他读莎士比亚的《仲夏夜之梦》等文学名著，并在家里安排他和他的朋友作小型的戏剧表演。她迫不及待地想引导她的儿子走进文学殿堂，希望他将来能够从事文学方面的工作。

1859—1860 年间，莫泊桑与父亲住在巴黎帕希区时，首次接受正式教育，他被送入当地的公学读书。学校在给他父亲的成绩报告单上说："莫泊桑大部分的成绩都很优异，健康良好，性格温和，言行谨慎，信仰笃诚。"最后总评语说他是个"优秀的学生，其毅力和努力都值得大家赞扬和鼓励。他会逐渐习惯这里的环境，还会有更大的进步。"

1863 年之后，莫泊桑便跟母亲去了埃特尔塔。回到埃特尔塔后不久，洛尔决定把他送去接受正规的学校教育，因为在洛尔看来，灵感是得自于神的传授，形式感则是得自于人的传授。

从 1863—1868 年，莫泊桑便在教会学校学习。他的学业成绩名列前茅，而且他品行良好，个性随和乐观，待人诚恳和蔼。

由于在埃特尔塔过惯了自由自在的户外生活，所以进入学校后，学校的一切都令他感到拘束和厌烦，他不仅常独自躲起来写作，并且还常借口生病而请假回家。学校的宗教色彩和规矩，他根本就不喜欢，这点可以从他那段时期所写的诗看出来：

在这沉寂的修道院里，

我们被活活地困在里面，

满眼都是些教士和僧袍。

我们是一群可怜的放逐者，

我们只能歌颂生命的美好，

人类的幸福与安康，

这些从未有人喜欢过。

这段时间，他经常集中精力写诗，并随信寄给他的母亲，下面便是 1864 年 5 月 2 日，他 14 岁时，在信中附给他母亲的一首诗：

生命像航船的船迹，

它是山麓一朵短暂的小花，

是天空小鸟掠过的阴影，

是被大海吞噬了的水手的呐喊……

生命像白天被微风吹散了的薄雾，

我们能够祷告的时间往往无多。

二十年后，莫泊桑对他的仆人说："我在教会学校读书时，学校发给学生的饮食过于劣质，学生们为了报复，偷来食物贮藏室的钥匙，等校长和学监们都睡着了，我们几个就把橱柜和酒窖洗劫一空，到房顶上饱餐痛饮，直到黎明！第二天事发后，我被学校遣送回家。"当然，莫泊桑只是对学校的校规感到不满而已，他并没有向他的母亲表示不愿意上这所学校，反而在这儿写出了很多的好诗。

离开学校后，莫泊桑待在埃特尔塔，调养身体，并重拾他爱好大自然的情趣。也就是在这段退学的悠闲生活中，莫泊桑结识了住在他家附近的英国诗人阿基朗·史温伯，以及和阿基朗住在一起的波华尔，还有波华尔心爱的猴子尼甫。

正如母亲所言，莫泊桑是一个感情丰富的孩子。由于与诗人的交往，莫泊桑越来越喜欢写诗了。在他之后的作品中，他喜欢用幻想、恐怖等类似的题材，很显然是受了他们的影响。

1866年3月，洛尔的母亲去世后，居斯塔夫·福楼拜写信安慰了洛尔一番。信中除了对她表示同情，并要她勇敢地面对现实，要她为了孩子——尤其是德·莫泊桑，而设法和当代的名作家保持联系。

这封信必定使洛尔重温了儿时友情的温暖。为了感谢她幼时的朋友对她的诚挚关怀，她回了一封信给福楼拜：

> 我的次子（艾尔维）还仅是一个小孩子，可是老大已经成为一个翩翩的美少年，他的成熟已超越了他16岁的年纪。他有很多地方与他的舅舅阿尔弗莱德相似，

你必定会喜欢他的。他现在退学了，因为那所学校围墙高耸，禁闭森严，使我那活泼、热情奔放的孩子有与世隔绝之感。而且他的身体也有些虚弱，我想把他接回家，休养几个月。然后把他送到鲁昂的莱斯学校去就读几个月，等他升入中学时，我再搬到巴黎去住。

1868 年，莫泊桑 18 岁了，他离开了埃特尔塔，到鲁昂去继续学业。

布耶其人

1868 年，18 岁的莫泊桑来到鲁昂时，鲁昂已成为法国的第三大城市，工厂林立，商业发达。自劳曼公爵死后，相继有艾克·约翰和 17 世纪法国最伟大的戏剧作家皮利·康尼尔这两位杰出人物在鲁昂诞生，鲁昂因而成了法国的文化古都。

任何来到鲁昂的人，看到四周环绕的山坡上俯瞰河畔两岸林立的烟囱、繁忙的河边码头、高耸的尖塔，和那些古色古香的建筑，都不免会兴起思古幽情。

洛尔小时候就住在鲁昂，在她的童年，她和她哥哥阿尔弗莱德等一伙人在豪特都小天地的情景历历在目。这次故地重游，更使她跌进了甜蜜的回忆。她与住在鲁昂附近的福楼拜恢复了联系。无疑，她是希望她的儿子将来能从事文学工作。由于母亲的愿望和高乃依中学的良好声誉，莫泊桑终于在 1868 年 10 月转入了该校就读。

年轻的莫泊桑

在这段时间里，莫泊桑结识了居斯塔夫·福楼拜的密友——45 岁的诗人路易·布耶，可能是他母亲洛尔经由福楼拜替他拉的关系。莫泊桑已经去拜访过福楼拜，洛尔自己也去过一趟。

那时候，莫泊桑得到了一本布耶的诗集，读完之后，他对作者十分仰慕，想亲自去拜访作者，以表仰慕之情。后来，莫泊桑在描述这次会面时写道："他住在鲁昂郊区的彼豪街，是都市通往乡村的干道之一。我按了门铃，很久没有人来开门。我很失望，正打算离去时，又听到里面有脚步声，大门打开，走出来一位高大的男人……他惊奇地望着我，想知道我的来意，但是我却在他开门的刹那间，把我准备了三天，想对他称赞一番的外交辞令忘得一干二净，最后，好不容易才说出了我自己的名字……好在他也听过我的名字，才马上招呼我，请我进去。"

这并不是莫泊桑第一次见到布耶，因为数年后，莫泊桑在他的一篇文章里这样说："有一天，我们散步后正待返校时，忽然遇到一位佩戴着荣誉团勋章的身材高大的先生，大约 45 岁，留着长而下垂的胡子，走起路来肚子前挺，脑袋后仰，架着一副夹鼻眼镜。学监戈达尔毕恭毕敬地向他鞠了好几个躬。待那人走过后，戈达尔才告诉大家：'这位就是诗人路易·布耶先生，了不起的天才！'"

布耶原是跟随老福楼拜医生学医，到了 1845 年，他为了追求艺术的理想而放弃了医学。1857 年，布耶在鲁昂市郊的图书馆任管理员，他写的剧本《蒙太奇夫人》和《百万富翁叔叔》都为他带来极大的名声。他所写的诗也日渐受人重视。1867 年，在鲁昂市立图书馆，布耶被授予"馆长诗人"的荣誉。

虽然布耶的诗与戏剧不能和雨果相提并论，但是他却一直专心致志地从事艺术。他特别喜欢艺术的形态，他写的诗，用字和造句，犹如珠宝匠把一块普通的石头雕刻成最精美的饰品一样。当然，他并不是总能创作出美好的诗，但他能以这个目标为念也是很可贵的。

由于他本人强烈的幽默感和爱好创作的精神，他的诗中也常常会出现这样的灵感。不过，他大部分的作品却是很严肃的，是时代的经典之作。

据福楼拜说，布耶精通拉丁文，对古典作品都有深刻的了解，尤其是荷马的《奥德赛》。因此，他的作品偏向于古典。他大部分的诗都是以忧郁的心情，表达对人类瞬息万变的生死问题的悲观看法。如他献给福楼拜的一首叫做《人类的命运》的长诗中，他描写人类最后从神和大自然手中争得了自由，创造了自己的世界，却又陷入了痛苦的命运深渊：

人类以自己的力量挣脱了枷锁后，

发出了一声愉悦的长啸，

他们在毁弃的神坛下粉碎了神圣的徽章，

用刀尖写出了他们自己的权利，

以鲜血洒在枯干的土地上，

他们自封为宇宙的主宰。

去为他们的目标奋斗，百折不挠，

数十世纪的悲惨回忆，犹如在大法庭中受审判，

现在终于自由了，多么惨痛，又是多么高兴！

生命只是一种不断的神秘循环，

如今却像一个老态龙钟的老人，

经历了六千年的劳力折磨，

而完成了他们所有的愿望，

在命运的开端之际，他们却迫不及待地要停

手……

他们为自己的思想而恐惧，信心也因此消失殆尽！

在黑暗里，他们只好继续摸索，

从此心神恍惚、希望渺茫，

像一艘迷了航向的船只，任意随风漂流。

1882 年 8 月 21 日,莫泊桑在一篇文章中写道:"路易·布

耶在公共场合虽然有点羞怯，但他在家里的时候却显得轻松幽默，有一种令人感动的热情。他那一双慈祥、炯炯有神的眼睛，散发出善意而谐谑的火花。虽然他所发出的讽刺都很尖锐，但是多半是善意的，好像这就是他艺术气质的防御基线。他的诗文雅、细致、精简……文雅是天性使然，细致是因为练达，精简则是来自他的文学修养、坚强的意志和机智敏捷的感受力。所以他虽能讽刺，却不失于尖酸。"

布耶的慈祥和幽默感，对这缺失父爱而又离家的 18 岁男孩来说，大有裨益。尤其在布耶高深的学术素养和严格指导下，莫泊桑的诗有了长足的进步。

到底莫泊桑的诗在多大程度上受到了布耶的影响，这很难说。在前往鲁昂之前，莫泊桑的诗已经有了相当的成就。同时，莫泊桑也不能经常见到布耶，因为在他们相识的初期，布耶正忙于在巴黎上演的戏剧，而大部分的周末时间又是与福楼拜一起度过的。

据莫泊桑自己说，他和布耶认识了半年后，他每周都去拜访布耶，其中有一两次还陪着布耶去看望福楼拜。因此，他们交流的时间不算长，所以很难说布耶对莫泊桑有很深远的影响。

莫泊桑大部分的诗是创作于结识布耶很久以后，不过有一首作于 1868 年，一直藏于鲁昂高乃依中学的荣誉手册中，到他死后才被发现。诗前有一段引言，这段引言，使 19 世纪初的哲学家幼发拉怀疑，人类是否会像史前动物一样，被一种进化更完善的动物所取代：

神明是多么神秘，从未有人见过他的真面目，

他是万王之王，宇宙的主宰，

他无处不在，在天地之间，

他孤独地占领着整个宇宙，终于也开始感到厌倦了。

他的孤独无所遁形，

并且，永远，永远也不会改变。

他是永远，永无穷尽的万能主宰，

他的伟大是永不消除的标志，

只有他的时间永远不会改变，

过去没留下一丝痕迹，

未来也丝毫不觉新鲜，

只有他能生活过漫长无边的岁月里，

他对这无穷的宇宙厌倦了。

无穷尽的逝去，无穷尽的来临，

他是万能的，但是面对孤独却无能为力，

这种命运能否改变一下？

伟大的上帝无所不能，却不能毁灭自己！

宇宙的主宰，终于对命运烦厌了，

实际上，他是多么不耐烦啊！

最后，他再也不愿忍受这种孤独的痛苦，

他用星星洒满夜空，

再积聚了一堆脏乱的东西，像一堆废物，

于是他创造了这个世界……

有一天，整个地球都震动了，

它的表面再也不是一无所有了；

又一次山崩地裂，一个不知名的庞然大物，

突然伸出了它赤裸的手；

整个世界被这庞然大物征服了。

看看上苍，它说：你属于我。

看看太阳，它大吼：你也属于我……

他创造了一个世界后，仍孤独地主宰太空。

一切都服从他的命令……

甚至水，火和土地。

就这样又过了六千年；

什么都不能阻挡他的进步，

他想怎么样就怎么样，

因为生命的创造，只是为了填补他的孤独空

虚……

但是人类就像一件偷懒的半成品，

能不能设计出一种更完美的动物？

啊！万能的主宰！当我想了解你时，

却被你那伟大的光芒遮住了眼。

我试着想抓住你，

却又感到一种莫名的困惑，

我只能在四周一片漆黑中，瞥见一道光芒

一闪，又很快地消失了。

但是我还要继续努力，因为你在那上面微笑！

黑夜消逝，白昼来临，

到处也只能看到昏暗的影子，

忽然，太阳在两朵乌云之间射出了光芒。

我们才知道，原来那儿有一条蓝色的小道。

人类在迷惘时，好像世界都变成了黑暗一片，

可是他们的心里总是有一道希望的光芒，

甚至在痛苦的时候，这道光芒也不会幻灭，

即使偶然感到一切都绝望了，

只要天空有一点蓝，他们还是会有希望存在。

　　这一首诗通常被引用表示莫泊桑是个悲观者、对神明的不敬者。但以全诗的整体而论，尤其是结尾部分，便可证明莫泊桑不是悲观者和对神不敬者，他仅是描述上苍和大自然进化的神秘性而已，虽然他对那种神秘感到莫名其妙，但他还是茫然地怀着希望。

　　诗中开头的四行当然是主旨，但是其中强调和重复的地方太多，使得整首诗的结构显得过分冗杂。其实，这种题材的诗，对于年轻的莫泊桑来说，还是有些深奥和复杂，不过由于莫泊桑勤奋聪慧，而且涉猎广泛，才能尝试这种题材的写作。

下面一首诗是一年后，莫泊桑 19 岁时写的，虽然诗的内涵并不怎么严肃丰富，但还是能看出来莫泊桑思想的成熟和练达：

　　燕子要离去的时候，

　　拍拍翅膀便走了，毫不留恋，

　　但这忠实的鸟儿，

　　回来的时间也是那么准时，

　　当冬日的严寒一过，

　　它们就要回到自己的老巢。

　　青年人为了施展他们的理想和抱负，

　　总是兴之所至，到处飘零，

　　在他们甜蜜的故乡，

　　遗留着童年和祖先的尸骨，

　　只有在午夜梦回，才能去轻轻吻它。

　　当岁月冻结了他遨游的浓兴，

　　他会悔恨，倘若明智些，

　　会重返故乡寻觅恬静幸福的时光。

这首诗虽然简单，但却有丰富的感情，从诗中我们可以看到，年轻的莫泊桑已经对人情世故和人生命运有了非常深刻的体会。

莫泊桑与布耶的交往提高了他的学养，也增加了他和福楼拜接触的机会。虽然这段时期福楼拜经常往返于巴黎和鲁昂，莫泊桑还是找准时间去拜访过他几次。

福楼拜之所以常去巴黎，一方面是他在 1857 年所写的《包法利夫人》被控有伤风化，要到巴黎出庭应审；另一方面，他在 1862 年所写的小说《萨朗波》使他一举成名，因而巴黎的名流竞相邀请他去赴宴，他还成了皇宫的贵宾。

但是在鲁昂的时候，福楼拜还是经常去拜访他的老朋友布耶。莫泊桑记下了他们会面的情景：

有一天，大概是星期四，我带了一篇诗稿到彼豪街，去向布耶请教。我走近诗人书房时，从一股浓烈的烟雾里，看到两个块头高大的影子，坐在椅子上抽烟谈天。坐在布耶对面的就是居斯塔夫·福楼拜。看到这种情形，我只好把稿子塞回口袋，乖乖地坐在一旁听他们聊天。四点钟时，福楼拜起身要走了。"我们一起去送送他，我也顺路到渡口去转转。"布耶对我说。

当我们走到正在举行博览会的大街上时，布耶忽然提议道："我们去逛逛摊位如何？"于是这两个人又肩并肩钻进了人群，对熙来攘往的人群评头论足、谈笑自若。

我们经过圣安东尼露天戏院时，布耶说："我们进去听听他们的小提琴吧！"于是我们都进去了。

戏院里正在上演《圣安东尼的诱惑》，福楼拜也曾写过一部同名作品，可是他的初稿曾被布耶及其他人批评得体无完肤。这次逛博览会，布耶可能是想借着这个机会，让他继续写作那部戏。因为不久之后，福楼拜的剧本便完成了。

虽然莫泊桑已经见过福楼拜几次，也陪同布耶去拜访过他，但是他们交谈的机会毕竟有限，因为福楼拜和布耶都是长辈，又是鼎鼎大名的作家，莫泊桑对他们自然是毕恭毕敬。所以尽管福楼拜和布耶常为文学观点争论得面红耳赤，或是谈论风花雪月时笑得前仰后合，莫泊桑也只能在旁边随声附和而已。

自 1868 年秋天开始，布耶便出现了感冒、咳嗽、风寒等症状，到 1869 年年初，更出现了严重的神经衰弱，被送到了疗养院疗养。布耶过去也曾因病魔缠身而抱怨过，而福楼拜却总是挖苦他，说他只是得了忧郁症。但是在 6 月 18 日，福楼拜却接到了布耶的讣闻。

在布耶死后不久，福楼拜在写给乔治·桑的信中说道："现在我一点也不觉得有写文章的必要，因为从前我写，只为一个人看，如今他去世了，我又写给谁看呢！"

对于莫泊桑来说，虽然他和布耶认识的时间不长，但是失去了一个好老师、好前辈，还是令他感到无比难过。6 月 20 日出殡的那天，看到布耶亲自栽种的花草被抬棺工人及送殡的亲友任意践踏，他更是触景伤情，悲从中来。

后来，他还写了一首感人肺腑的诗悼念布耶，诗中称布耶犹如他的生身父母，仁慈而伟大。

布耶在莫泊桑心中留下的印象，令他毕生难忘。莫泊桑能熟记很多布耶的诗，也多次在文章中表达他对布耶的敬仰。

布耶死后，福楼拜忙于整理他的诗稿，准备出版，莫泊桑帮了一些忙。1880 年 2 月，福楼拜要为他的老友建一座纪念碑，莫泊桑也是筹备委员会的委员。

小职员生涯

普法战争

路易·布耶去世一周后，莫泊桑依然沉浸在深深的哀思之中，但他还是勉强参加了高中毕业考试。会考通过后，下一步就要进大学，为了他将来能有一份稳定的职业，他的父母已经达成一致意见，要他去巴黎学习法律。

莫泊桑和他的爱犬

他的大学生活并没有持续太长时间，也谈不上多彩多姿。在巴黎，随着和父亲越来越多地接触，莫泊桑也慢慢对巴黎社会生活的另一面有了深切的了解。他常去的地方是戏院和沙龙，可惜由于受到战争的影响，他的大学生活很快就结束了。

法国当时的情形，如左拉数十年后在他的小说《卢贡—马卡尔》中所述，拿破仑三世在经济上的政绩便是，他使巴黎成了一个有大马路、美丽公园、大厦林立、商业繁荣、高水平生活的首都。甚至连鲁昂这种城镇也变成了工业化的都市。由于过度重视工业的发展，那些因工商业发展而崛起的中产阶级飞扬跋扈，反对政府的国防预算。更由于工业化带来的社会苦难，以及政府对报纸和作家们的苛刻检查制度，工人和知识分子开始对社会不满。

但当时与法国毗邻的德国，情形就不一样了。普鲁士为了统一德国，在 1864 年及 1866 年先后击败了丹麦及奥地利，但法国仍在幕后操控南德意志诸邦，企图阻碍德国统一。在普奥战争结束后，拿破仑三世要求俾斯麦同意把巴伐利亚的部分领土合并于法国，作为对法国在普奥战争中保守中立的报答。俾斯麦断然拒绝，并立即把拿破仑三世的这个意图通知了巴伐利亚国王及南德诸邦政府，从而在南德诸邦造成了令法国恐惧的心理。利用南德的这种心态，俾斯麦遂与他们缔结了秘密的攻守同盟条约。在这种情势下，只要打一场战争就可以激发南德诸邦的民族感情，就可以推动与北德联邦的合并。为此，在俾斯麦的策动下，普鲁士以西班牙王位继承问题制造争端，令法皇拿破仑三世对普宣战，普鲁士借此团结德意志民族，进攻法国。

普法战争爆发时，莫泊桑将满 20 岁。就在这充满战争狂热的 7 月，他被征召入伍。他和大批同年龄的所谓"70级士兵"先被集中到巴黎东面的万森要塞。在那里经过简单的考核，他随即被派往驻扎在鲁昂的勒阿弗尔军区第二师，在该师后勤处当一名文书。莫泊桑在战事爆发前写信给母亲：

亲爱的妈妈：

　　我会在这时候写信给您，是因为两天以后，巴黎的对外通讯就要整个被切断了，德军已向我们发动了猛烈的攻击。至于这一场战争的结果，我绝对相信我军能取得胜利。德军必败，他们自己心里有数，他们奢望能一举拿下巴黎，但是我们已有万全的准备。至于我，我还不想到勒阿弗尔军区总部去住宿，我宁愿留在巴黎，这里虽然被围困，但还是比勒阿弗尔军区的老碉堡更坚固。爸爸焦急得很，说这里不安全，坚持要我到陆军营房去睡，并不断地嘱咐要我注意安全。我要是听他的话，那就干脆申请去当下水道管理员，那样岂不是更安全？

　　普法之战以法国的失败告终，而天真爱国的莫泊桑也在巴黎被围的数周中，饱尝了饥饿与疲惫之苦。

　　此时，巴黎群众对拿破仑三世统治的不满，立刻像火山一样爆发了。法兰西第二帝国垮台，法兰西第三共和国建立。

　　普法战争虽然早在1871年1月就结束了，但莫泊桑却延役至当年的11月才获准正式退伍。因为当时法国正在研拟一项新的兵役法令，这项法令差一点就使他多服七年的兵役。因为他各项记录都显示他是一位谨慎、忠勤、颇堪造就的军官，军方自然不愿放人。莫泊桑只好求助于父亲。幸亏父亲到处为他奔走疏通，并寻找到必需的证件，莫泊桑才获准退役。居斯塔夫唯一帮不到他儿子的就是钱。居斯塔夫的收入有限，本就拮据的经济，再加上债务的拖累，很难获得好转。1874 年，居斯塔夫的父亲去世时，居斯塔夫深恐葬礼开销太大，甚至不敢亲自去料理丧事，只好叫莫泊桑代表他参加葬礼。

由于父亲给的零花钱太少，莫泊桑必须尽快找到一份工作。他没有去求助福楼拜。

战火的磨炼使他养成了独立自主的能力。1872 年 1 月 7 日，他冒昧地写了一封信给海军上将波托，并且在简历部分特别强调自己是通过了高中毕业会考的"文学业士"。可惜他这番苦心并未奏效。他得到的回答是"没有空缺"。他并不气馁，于 1 月 21 日再度致函波托上将，信誓旦旦地保证一定"兢兢业业地完成任务"。同时父亲也为他四处托情，才使波托上将改变了初衷。

3 月 20 日，莫泊桑进入海军部办公大楼，开始了他的小职员生涯。他只是临时雇员，而非正式职员。随着工作的变动，莫泊桑的境况也不断改善：1872 年 10 月，他成为编外科员，月薪 125 法郎，每年还有 150 法郎的奖金；1874 年 3 月，他转为四等正式科员，同时提薪一次；1877 年，他再晋一级。可见他尚能应付差事。

莫泊桑在海军部安分守己地工作，直至 1878 年福楼拜推荐他进入教育部工作。在教育部，他努力工作，也因表现良好深获上级的嘉许。

对于海军部文职人员的工作，莫泊桑感慨万千地写道："人们从20岁第一次走进这栋楼，一直待到退休，在这漫长的时间里，不会有任何事情发生，整个生命都是在同一间糊着蓝色壁纸、狭窄而阴暗的办公室里度过的。他们年轻时走进那里，满怀热切的希望，年老时从那里走出，已行将就木。"他又描述一位平庸的中年雇员，虽然工作勤劳，却一直不能获得晋升，因为他不会拍马屁，最后，这位雇员终于发现了一个排遣苦闷的好办法，就是周末到郊外去旅行。

莫泊桑也和他文中的雇员一样，需要寻找一点东西调节，以摆脱枯燥和一成不变的工作。如果说他少年时代在埃特尔塔的散步、划船有益于他的身心健康，那么他数十年的文学磨砺，则有助于他心智的开发与观察的敏锐。因此在巴黎，他很快就能重温年少时的那种生活了。

河上的生活

普法战争失败后，法国虽然元气大伤，但是在第三共和领导之下，举国上下节哀奋发，不仅偿还了付给德国的战争赔款，而且经济上也得到了进一步发展。法国虽然很快恢复了往昔的繁荣和安定，但战败的阴影仍笼罩在国民心中。

莫泊桑是一位热情、敏感又有抱负的青年，他曾饱受战争之苦，现在看到劫后余生的法国人，除了抱着悲天悯人的情怀外，也只好学习福楼拜和当时自然主义者的处世态度。他刚刚进入社会，海军部那种一成不变的生活不仅显得枯燥乏味，而且使他感到孤独。

当然，他可以去拜访福楼拜，或者一些住在巴黎的朋友，但总的来说，他在这段时间，跟福楼拜及文学圈里的人接触并不频繁。一方面是他那枯燥的工作使他灵感全无，他并没有写出来什么东西可以给他们看。另一方面，他常常和一些粗俗不堪的人混在一起聊以解闷。他曾对他那些文艺界的朋友表示，这是令他非常痛苦的一件事。

我们可以想象，那份微薄的薪资，那份冗长乏味劳累不堪的工作，对这位敏感、害羞的青年影响当然很大。

1897 年 9 月 3 日，莫泊桑在埃特尔塔与他母亲度过了两星期的年休假期后，给母亲写了这样一封信：

> 我知道这封给您的信有点太急，但是我已等不及要写了。我太寂寞、太孤单、太消沉，所以急着要看您的回信，以慰我的孤寂。时间太短了，好像只是见了一个面，聊了一聊，一个假期便不知不觉地过去了。每次假期结束，我都要问自己："怎么回事？我才刚刚回来，话也没来得及谈呢！"我害怕冬天，冬天里长夜漫漫，我一个人躺在床上，全身都会冷得难受。在

入睡之前，我点着蜡烛读书，也只觉得形单影孤。去年冬天，我感到孤单时便想到您，您在冬天漫长寒冷的夜里，肯定也会有我这种感觉。我还要在这儿度过三个月的枯燥生活。莱昂·封丹今晚又出去吃饭了，本来我们可在吃饭时聊聊……我多么希望再回埃特尔塔度假啊。

莫泊桑这种畏惧严冬来临的意识，再度表现了他孤单、寂寞的感觉。洛尔怀着和他一样的寂寞和沮丧的心情，在漫漫长夜中盼望儿子的归来。两年后的 9 月 3 日，莫泊桑又写了一封信给母亲：

亲爱的妈妈：

我苦苦地等了十一个月，好不容易等来了年假，这是我全年中唯一的乐趣，而它又过得那么快。今天我还在长叹，十五天怎么会过得那么快！难道我真的已在埃特尔塔度了一次年假吗？我好像还是待在办公室里，翘盼这个假期呢！离开您最令我难过的是，我担心今年冬天您会觉得更寂寞。您一个人孤单地住在那里，我害怕这种对家人的思念牵挂会有损您的健康。每次一想到您老人家坐在矮椅子上，对着壁炉默默地沉思，我就觉得难过。虽然现在还是 9 月，我已能感觉到寒冬的气息。我到花园去逛了一趟，花园里的树木已开始落叶了，这些情景使我觉得冰天雪地的日子不会远了。下午三点就得点灯，淅沥沥的雨点敲着窗户，日复一日的叫人难挨的严寒……我也是在漫长的夜里，孤零零地从事我的写作。

我不该向您诉苦，本来您已有点悲观，而我却使您悲上加愁。但这就是我的心情……今天这一天，我觉得特别漫长，比我在家休假的日子，不知长了多少。

莫泊桑不仅在感情上依恋着母亲，在学识方面也得到了母亲的启蒙。在他的少年时代，母亲的启蒙教育和多方面扶持奠下了他的文学根基。现在，他母亲要他下班以后，利用空闲时间作诗并写短文，但这谈何容易。白天工作了一整天，晚上又要绞尽脑汁写作，这是非常痛苦的事。尤其是晚上，在冰冷的小房子里，孤零零地伴着如豆的烛光写作，实在不是一件让人愉快的事。有的时候，莫泊桑干脆就想放弃不写了。1878 年 7 月，他给福楼拜写信道：

我在海军部的工作会使我发疯，每天从早到晚被那些杂务累死了，没有一点空间。到了晚上我也没有心思工作，我的脑子一片空白。我发现我的思想平庸、脑筋简单，写作时总是不能表达，我感到心灰意冷，我的前途只有一片渺茫。但愿我能躲在一个角落里，静悄悄的，没有烦恼、没有喧嚣。我怕别人打扰，所以我喜欢孤单，但我不能工作时又感到烦恼……

　　莫泊桑原本是个好动、反应灵敏的孩子，尽管他的身体强健、精力充沛，然而在工作和写作的双重压力之下，他却变得情绪不稳，易于冲动。这种情绪变化加上其他困扰他的因素，的确有损于他的健康。在这时期，他写给他母亲的信，表现得心灰意冷，写给福楼拜的则显得悲观痛苦。

　　为了摆脱内心的烦闷和刻板工作所带来的困扰，莫泊桑开始以划船作为他的娱乐，这是他从小就开始喜欢的一种运动。莫泊桑起初和莱昂·封丹在阿金索水边丛林的白色别墅中租了一间小房子，莱昂是他在家乡的朋友，现在也在巴黎工作。他们所去的地方包括塞纳—马恩省河附近的沙桥威、契投、包基佛、比桑和阿金索等处。塞纳—马恩省河下游两岸风光旖旎，是游人休假的好去处，也是印象派画家寻找户外风景的好题材。

　　随着岁月的流逝，莫泊桑结识了一大群的朋友，其中有莱昂·封丹、劳伯第·宾康（他是高乃依中学校长的儿子，后来做了鲁昂市立图书馆馆长）、艾伯特·约翰威利和亨利·布兰尼等。他们并非个个都是划船能手，宾康和封丹有些文弱。虽然他们并不像莫泊桑那样爱好划船，也没有莫泊桑那样的体力，但他们都是水上活动的爱好者。

　　一个星期中，莫泊桑总有一两天是住在河边的别墅里，起初是在阿金索，后又搬到包基佛，又搬到比桑，以便早晚都可以划划船。他酷爱清晨的宁静，一早起来清扫小船后，就在晨曦中划着小船，徜徉于碧波荡漾的小河中，两岸风景如画。晚上的宁静又别有风味，他在写给他母亲的信中描述晚上划船的情趣时说：

> 我反复地划来划去，不断在河中穿梭往返。我那艘船的船头有一盏灯，河畔的青蛙和老鼠早就认识我的船了，所以每当我经过时，它们都会出来迎接我。我有时独自一人划一艘大船，有时划一艘普通的小船。我半夜时划船到包基佛，找朋友们讨酒喝时，他们都吓了一大跳。

这种泛舟河上自娱的乐趣，对这位羞涩而有抱负的文学家来说，正如他结识朋友的活动一样，是为了满足他渴望融入的愿望。

小时候，他曾经捉来许多蜘蛛吓唬他的祖母。稍后，又在埃特尔塔海滩上化装成一位小姐，吓唬一位英国主妇。现在他又用同样的恶作剧吓唬他的伙伴们。他喜欢跟他们讲一些很夸张的故事，以博得他们的惊叹和敬佩。

他穿着白色的夏布裤子，一件没袖子的条纹背心，头上戴着一顶渔人草帽，就这样滔滔不绝地对他的朋友讲故事，有些是他的亲身经历，有的是道听途说。

为了逃避工作的压力，他一面工作，一面为朋友们提供笑料，他经常吓唬老实的中产阶级。例如有一次，在开往巴黎的火车上，他神秘兮兮地捧着一个闹钟，那样子就像投放炸弹的恐怖分子。

福楼拜和布耶两个人都喜欢拿胆小的中产阶级来开玩笑，无疑，他们的幽默也被这位年轻的访客学到了。

当然，那些日子，莫泊桑与他的伙伴并不只是终日吹牛取乐而已。莫泊桑在回忆这段时光时曾写道：

> 我和我的伙伴度过了一段多么愉快的生活！那时我们都是穷小子，我们在阿金索一家小旅馆里租了一个房间。虽然房子很简陋，而且又是五个人挤在一起，但我仍在这里度过了我生命中最难忘的时光。我们整天玩乐和划船，当然只有我最爱这项运动。那时候，我们有那么多的奇谈怪事和有趣的玩笑，都是那五个小混混想出来的，现在想来真是令人难以置信。今后恐怕再也难得有这种日子过了，因为当年那股叛逆精神已经完全消失了。我们五位年轻的伙伴现在都是成年人了。

塞纳—马恩省河畔的码头风光，也屡次出现在莫泊桑的小说中，他写道：

> 远处传来一阵嗡嗡的人声，接着一片喧哗扰攘，

这表示他们要靠岸了。接着，一大群篷船在河边下锚，船上有许多男人和女人坐着饮酒，有的站着唱歌跳舞，也有的配合着嘶哑不成声的风琴在乱跳。

蓬头垢面的高个女郎带有八分醉意，醉眼惺忪地在人群中扭腰摆臀地表演。其余的人则穿着夏布裤、棉背心，还有一位头戴彩色骑士帽的男人也在疯狂地跳舞。

一位游泳者站在篷顶，一次一次地跳到水里，水花溅到坐着喝酒的人身上，他咒骂了几句。河中又来了一群经过的船只，细长的船身，健壮的水手驾着船轻快地向前滑去，他们的肌肉结实，皮肤被晒得黝黑。船上的女人穿着红红绿绿的衣服，撑着红红绿绿的阳伞坐在船的后面，一个个低着头，一副心事重重的样子。

此时，莫泊桑的恶劣情绪已经大有改善了。河边生活令他感到轻松愉快。

但是由于运动过度，他出现了胃和心脏绞痛的症状。另外，有些症状似乎是他母亲遗传给他的。此时，他母亲好像也正为初期眼球突出的甲状腺分泌过多症所苦。1878年10月30日，福楼拜写信给玛希尔黛公主，报告洛尔痛苦的情形："我在埃特尔塔看到一种可怕的病症，我的一位童年的朋友（莫泊桑的母亲），她是多么的痛苦，她的眼睛不能见光亮，只好终日生活在黑暗里。晚上的灯光她也受不了，真是可怕！"

莫泊桑与母亲的症状大致相同，他的眼睛后来也和他母亲一样。

1876 年 3 月，莫泊桑的医生用钾碘化合物、砒素和秋水仙麻醉剂替他治疗，叮嘱他戒烟，多休息。1877 年 8 月，他遵医生所嘱，到瑞士的温泉场去休养了一个月，特别治疗他的脱发症。1879 年秋天，为了恢复健康，他又去不列坦和奈尼岛休养。1878 年，经名医保坦·拉弗和艾巴第诊断后，他们认为他的风湿症比梅毒更严重，要他接受昂贵的蒸汽浴和其他的药物治疗。

莫泊桑患的是甲状腺肿，又有神经衰弱的症状，病情颇为复杂，治疗也相当困难。虽然如此，莫泊桑却并没有抱怨。1877 年 3 月，他写信给宾康，还以他平日那种诙谐的幽默说他已种了"真正的牛痘，这种要我的命的牛痘！"

70 年代也正是莫泊桑为在文学上成就一番事业而苦心磨砺的年代。这个过程对他来说是特别曲折而又艰难的。尽管他对自己的病毫不在意，他还是继续请医生诊治。即使未见丝毫效果，他仍旧专心于他的写作，以致不但头发脱落，胡须也掉了不少。然而莫泊桑却满怀信心。他的文学志向没有片刻动摇，他的写作练习没有一日间断。尽管他个性倔强，但是由于工作和写作的双重压力，这位诗人独自栖息在斗室的痛楚，是可想而知的了。

良师益友

法国作家福楼拜

虽然塞纳河上的浪游令他迷恋，但是星期天的活动，在他生命中也具有同样的意义。他到海军部工作以后，每个星期天的下午，都要去看望福楼拜。莫泊桑与这位大小说家之间的友谊，虽然是从莫泊桑出生就开始的，然而他们交往最频繁的，还是1872年到1876年这段时间。

洛尔自幼崇拜她的哥哥阿尔弗莱德，所以对她哥哥在文学上的成就寄予莫大希望，阿尔弗莱德逝世后，她又把这种希望转向她的儿子，希望她的儿子能继承她哥哥的遗志，在文学领域有一番成就，因此她对儿子的培植，可以说是苦心孤诣、不遗余力。

莫泊桑曾得到过布耶的指点及鼓励。布耶死后，莫泊桑与福楼拜的关系比以前密切了很多，一方面是由于莫泊桑急需一位良师，另一方面，布耶的去世也使福楼拜需要人来陪伴。最主要的，还是他对阿尔弗莱德及布耶这两位老朋友的怀念，以及对年轻的莫泊桑的怜爱。鉴于以往的回忆，以及在感情和文学上的志趣相投，福楼拜自然会以长辈的感情对待莫泊桑。

洛尔给福楼拜的第一封信，是在 1872 年 1 月写的，大概是在莫泊桑初次拜访他后不久。由于鲁昂市议会不同意建立布耶纪念碑，福楼拜提出了抗议，洛尔在信中支持福楼拜的抗议。由于布耶在巴黎时给了莫泊桑无微不至的照顾和指导，洛尔也在信中充分流露了对他感激之情：

> 我的儿子和我一起拜读您的回信，您那亦庄亦谐的回信使处于孤寂中的我们，获得了无限的温暖……晚上在火炉边，我们已习惯地谈论我们的朋友，尤其是您。莫泊桑已把上次他在巴黎拜访你的事告诉了我，您对那孩子的照顾及苦心的栽培，我也很是感激。我常常想起我们幼时的快乐往事。每当我回忆这些好景不再的往事时，便感到一阵茫然。现在的我，只觉得往事不堪回首，而前途又是一片茫茫……

尽管洛尔也希望能和福楼拜常见面，但是洛尔的身体不好，福楼拜又忙于写作以及处理经济方面的问题，因此他们并没有经常见面。1878 年到 1879 年 10 月间，福楼拜一共去过埃特尔塔两次，洛尔随莫泊桑拜访过福楼拜一次。

福楼拜承诺将尽力去帮助和照顾莫泊桑。1872 年 10 月

30 日，他写给洛尔一封信，说他原先曾和阿尔弗莱德谈及的一部小说将要完成了，他愿意照洛尔的意思，把稿子提供给她儿子参考。他写道：

> 您的儿子会喜欢我，因为我是真心待他，您的儿子，阿尔弗莱德的外甥，他是一个勤快、好学、讨人喜欢的孩子。
>
> 我的下一本书，要把阿尔弗莱德的名字刊在前面，我总是想把《圣安东尼的诱惑》这本书献给阿尔弗莱德·波德芬。在他去世前六个月，我便对他提过这本书。我已断断续续地写了 25 年，现在好不容易把它完成了！

福楼拜对自己能有机会帮助这位阿尔弗莱德"再世"的小朋友，感到非常高兴。1873 年 2 月，他写信给洛尔说：

> 虽然我们年龄不同，但我已把他当作我的伙伴，因为他使我想起我亲爱的阿尔弗莱德。莫泊桑低头吟诗时的神态使我仿佛看到了我那位朋友。亲爱的阿尔弗莱德，他是个多么使我怀念的人，自他离我而去后，我无时无刻不在想念着他……

接着洛尔便写信给福楼拜，征询他对她儿子的看法，并问他莫泊桑是否具有像阿尔弗莱德一样的才华：

> 我是多么地倚望于你，以你的意见为准则。如果你看过莫泊桑的诗，而认为只是些平凡、没什么深度的作品……如果您说"可以"，我们将鼓励这孩子，使他尽量朝这方面去发展，否则的话，就让他去做法官，或同性质的工作……您的意见如何？坦白地告诉您的老朋友吧……

福楼拜告诉他的老朋友，他没有足够的证据来肯定莫泊桑的才能，虽然他的表现未能尽如人意，我们还是应鼓励他，去追求文学上的成就：

> 诗歌是一种高尚的情操，它是苦闷的人生一种莫大的慰藉，说不定您的儿子具有诗歌方面的才华。您可以鼓励他往这方面发展。虽然到目前为止，他还没有表露出这方面的绝对的才华，但是谁有资格去决定别人的前途呢？
>
> 我认为他有点懒，不肯在文学上下苦功。当然，他也下了点工夫，但是我觉得还不够。我认为他的诗已经相当不错了……岁月的磨炼可以开拓他对事物观察和感受（这是最重要的）。至于他是否能成为作家，或是否能成名，那些并不重要。人的一生，主要的是

要保持高洁的情操，而不同那些庸俗的中产阶级同流合污。热爱文学使人觉得自豪，学无止境，这是愚见。

福楼拜和布耶一样，崇尚文学理想，他们认为当代中等阶级的社会色彩和民主改革思想不能与文学混为一谈，否则就是对神圣的文学和文艺思想的一种亵渎。虽然福楼拜外貌保守，生活方式像中产阶级，他却痛恨彻头彻尾的中产阶级人士。他原是个理想主义者，但他对人类的弱点、生命的神秘和空虚的幻灭思想，却又充满了悲观。因而他大部分的作品，都是以人类理想实际上已经失败为中心，无论是以当代为主题的《包法利夫人》《情感教育》，或以某种历史为背景的作品，如《萨朗波》《圣安东尼的诱惑》，在这些作品中，他以讽刺、尖刻、兼具幽默和人道的立场来描述书中角色的妄想和盲目作为。为了他小说中人物的事实描述，他不仅不辞辛劳，大量搜集历史和当代文献来做资料，并且配合他特有的观点，以完美的表达方式注入他的作品中。而莫泊桑接受他的熏陶后，终于能以正确密致的观察力和简洁遒劲的笔致，写出许多杰出的长短篇作品。

莫泊桑在 1884 年出版的《福楼拜致乔治·桑书信集》的序言中，特别描述了福楼拜写作的情形，及他在写作时的神态：

他坐在高靠背的橡木椅子里，身子裹在一件黄色的大袍子里，头上戴着一顶像牧师们戴的丝皮帽，帽缘下面缀着一绺鬈曲的头发。他的头紧缩在粗壮的两肩之间，红红的脸上垂着一把灰白的大胡须，偶然的充血，会使脸部忽然肿了起来。碧绿的眼睛不断地盯着稿子，瞳孔像两个小黑点不住地在写好的字里行间打转，从每一个单字到各种的词组，考虑、斟酌，删删改改，写写又停停，直到一张二十行的稿子整个写完。他这种一丝不苟的写作功夫，岂不有如锯木一样辛苦！

对他来说，写作是一种体力劳动，会导致疲劳和生病。他要坐在桌子上，以恐惧的心情、敏锐的思考来从事这种令人又爱又恨的工作。他会连续几个小时，聚精会神地坐在那张可怕的桌子前，好像他面前有位小心谨慎的巨人在用孩童架屋的砖头建一座金字塔一样。

福楼拜的这种勤奋和自励令人感动，他坚持按照他的方式来表达思想，找寻最合适的语词来达到最完美的境地。显然，莫泊桑也做到了这一点。由后来他作品的文体和近乎客观写实的风格，就可以看出福楼拜对他的影响。

但是，莫泊桑写作时却无法像他的老师那样专心致志，也没有办法广泛地参考数据。首先是他没有那么多的时间和金钱来这样做，所以他在写作时，大部分都是以实际发生的故事为主，而不靠搜集资料来杜撰。其次，他也不愿像他的老师那样离群索居，埋头苦干。福楼拜当然明白他的打算，他是希望能有时间在河边鬼混。福楼拜在写给洛尔的信中，评述莫泊桑"懒"，便是暗指这一点。他非常明白，这位学生对文学的忠诚，不能和他自己、布耶或阿尔弗莱德相比。

当莫泊桑向福楼拜抱怨生活枯燥没有乐趣时，福楼拜在给他的回信中说道：

> 总而言之，你似乎十分懈怠，而且对我也略有不满。因为是我天天督促着你，使你不能尽情玩乐。

> 我的好朋友，我怀疑你是个不图上进的混混，总是想着划船和运动。我的医生朋友告诉我说，有教化的男人不需要太多的运动。你该知道你必须及时努力。你是个天生的诗人，还不赶快努力地写东西！其他的一切都是空洞的，你一心想着玩，又要担心你的身体，你满脑子的心事。其实，只要你好好利用你的假期，健康就没有问题了。这是我从哲学方面，或个人的经验领悟出来的。

> 你总是抱怨你的生活和工作不如意，这一点我非常理解。但是每天从下午5点到第二天的10点，你不必工作的这段时间，你可以专心地思考，这不是很好的精神寄托吗？

> 人的一生中，最光辉的一天并非是功成名就那天，而是从悲叹与绝望中产生对人生的挑战，以勇敢迈向

意志的那天。我的好孩子，打起精神来吧！你一定要勇敢地站起来，面对现实，只有这样才能取得成功。看在老天的份上，你就快点振作起来吧！你有什么理由这样垂头丧气呢？你的缺点是没有原则，做一个文学工作者，只有一个原则——为文学付出一切。你的一生是为文学而活的，成功或失败，完全掌握在你自己的手里。

福楼拜虽然不断地言传身教，但是实际上，福楼拜也只能和布耶一样，鼓励他从文学上努力。莫泊桑真正得益于福楼拜的，不仅是福楼拜引导他与名作家接触，更重要的是，他能因此结识很多报纸编辑和发行人。

1884年，莫泊桑致乔治·桑的信中便提到，一个星期天的下午，福楼拜府上高朋满座。莫泊桑就是在这里结识了那些老作家和社会名流。其中如俄国小说家屠格涅夫、法国小说兼戏剧作家都德、优秀的贵族艺术史家龚古尔，还有著名的文艺理论家和史学家丹纳。当时社会的写实主义之所以兴起，便是丹纳的推动。也有年轻的作家，如诗人卡居勒·孟代斯、发行人查潘特，以及小说家埃米尔·左拉等，继龚古尔和丹纳所主张的写实主义派之后，这批年轻的作家自命为"自然主义派"，在《福楼拜家的星期天》中莫泊桑有如下的描述：

　　第一个来到的往往是伊万·屠格涅夫。他像亲兄弟一样地拥抱着这位比他略高的俄国小说家。屠格涅夫对他有一种很强烈并且很深厚的爱。他们相同的思想、哲学观点和才能，共同的趣味、生活和梦想，相同的文学主张和狂热的理想，共同的鉴赏能力与博学多识，使他们两人常常是一拍即合，一见面，两人都不约而同地感到一种与其说是相互理解的愉快，倒不如说是心灵内在的欢乐。

　　……

　　过了一会儿，都德也来了。他一来就谈起巴黎的事情，讲述着这个贪图享受、寻欢作乐并十分活跃和愉快的巴黎。他只用几句话，就勾画出某人滑稽的轮廓。他用他那独特的、具有南方风味和吸引人的讽刺口吻谈论着一切事物和一切人……

　　……

　　接着来的是左拉。他爬了六层楼的楼梯累得呼呼直喘。一进来就歪在一把沙发上，并开始用眼光从大家的脸上寻找谈话的气氛和观察每人的精神状态。他很少讲话，总是歪坐着，压着一条腿，用手抓着自己的脚踝，很细心地听大家讲……

　　在那个年代，没有任何一位新崛起的诗人或作家，有莫泊桑这么好的起步环境。《文学共和国》杂志编辑卡居勒·孟代斯受福楼拜之托，在 1876 年 3 月、9 月和 10 月的月刊中，刊出莫泊桑的几首诗。福楼拜运用查潘特夫人的影响力，使查潘特出版莫泊桑的作品。左拉等一群朋友也都尽力帮他的忙，替他找稿子的销量，使他能白食其力。

1876 年，福楼拜还写信给《国家报》的编辑——他的老朋友拉培利和劳道威尔，推荐莫泊桑担任文学评论员：

> 你们报社中有空缺吗？你们需要跑剧院的记者吗？如果需要，我愿意诚心地为您推荐我的一位学生，他叫莫泊桑，是一位青年诗人，才华过人……

福楼拜写了一封介绍信，让莫泊桑去拜访劳道威尔：

> 关于阁下所提之事，我正要介绍我的一位朋友——莫泊桑。他的情况，拉培利应该已经跟你说过了。务望阁下鼎力相助，使他能为您效命，如能安插为文学评论员（审阅书刊和戏剧评论）之职，当更感激。
>
> 目前报纸方面，这种人才不可多得，我所推荐的这位青年，的确是一位才华横溢的诗人，他的前途无可限量，希望你能念在我们的交情上，代为推荐。

虽然这次推荐没有成功，劳道威尔还是把莫泊桑的两篇稿子刊登了。1862 年，福楼拜的小说《萨朗波》出版后广受好评，他也在结交的高阶层朋友和有名气的沙龙中不遗余力地推荐莫泊桑。由于福楼拜的关系，莫泊桑得以进入布兰妮夫人的沙龙，甚至进入了拿破仑一世的侄女玛希尔黛公主开设在巴黎郊外的沙龙。这家沙龙被当时的文学界称为"文艺之家"，因为玛希尔黛公主对那些作家都给予热诚的款待。由于福楼拜与戏剧界人士的接触，使得莫泊桑得以结识著名的艺人苏姗妮·纳姬、阿勃朗尼·沙伯特，以及帕丝卡夫人。

1879 年八九月间，莫泊桑写信向福楼拜抱怨他的工作，说他的上司待他很苛刻，使他在办公时间内不能写作：

> 我的上司显然是找我的麻烦，分配给我的全是些零零碎碎的工作，这些事谁都可以干：什么编列年度预算啦、港口结算啦，整天都是枯燥的数字。我的桌子就在他旁边，就算是我有点空闲时间，我也不好意思做我的私事。

莫泊桑在海军部的工作是否有这么无聊，这倒难说。当时很多青年作家，如赛阿尔、于斯曼、麦毕奥等都在政府机关服务。或许莫泊桑是在故意夸大，好使福楼拜能帮他调动工作。事实上，莫泊桑也曾向其他人表示过他对工作的不满。不过最大的原因，可能是因为他的父亲要停止对他的资助了，而海军部微薄的工资使他不得不考虑另谋出路，所以他才这样说。

1878 年 2 月，福楼拜曾帮莫泊桑谋取一份图书馆的工作，但因行动迟了一步而失败了。这时候，莫泊桑向他母亲诉苦说："就算有了真正的缺额，我的老师恐怕也不知从何着手呢！"有了这次教训，莫泊桑知道，如果再有机会，必须把福楼拜逼紧一点才行。

除了不断地向福楼拜诉苦外，莫泊桑也催着母亲给福楼拜写信，好让他看在老朋友的份上，替自己多操点心。因此，他的母亲只好于1878年初，写了这封信：

> 亲爱的居斯塔夫！您称莫泊桑为义子，您对他这份爱护令我非常感动，也因这种关系，您也分担了一种做父辈的责任。相信您对莫泊桑的处境很清楚，事实上，他也向您倾诉过他在海军部的苦衷。您一向对他爱护有加，他很感激您。现在他希望早日脱离那个牢笼，希望您能帮帮他。
>
> 亲爱的老友！如果您能为莫泊桑的前途考虑，替他找一份合适的工作，我会对您感激不尽。当然，这种事用不着我操心，因为我知道，您对我们母子都很关心。要不是巴黎与我这里相距遥远……我真想与您坐在炉边，像小时候那样，好好地促膝长谈……

洛尔的信如往常一样，一半祈求，一半怀旧。福楼拜在洛尔的恳求、莫泊桑的抱怨之下，终于答应向他以前法律系的老同学，正担任教育部长的阿金诺·巴尔杜商量，巴尔杜说教育文化部有个秘书职位即将空缺，为了解决莫泊桑的问题，福楼拜甚至顾不得失礼不失礼，便迫不及待地问起职位的薪俸来。

一番波折后，莫泊桑终于在 1878 年 12 月，以年薪 3000 法郎的薪俸进入教育文化部秘书处工作。高兴之余，莫泊桑写信给福楼拜说：

> 我还没去拜望部长，但常和参谋主任杰姆斯先生碰面，他帮了我很大的忙，今后需仰仗于他的地方更多。
>
> 他们对我都很礼遇。主管器重我，秘书科长也就对我相当尊重。我已得到了我想要的职位，从现在起我要振作起来，力图上进……
>
> 同事们对我并不热情，我想他们一定觉得我很平凡。我发现这里的某些事情很荒谬，有些事情又令人感到悲哀。总之天下乌鸦一般黑，这里所有的人和事，都和别的地方一样……

在教育部服务的这段时期，莫泊桑不仅计划帮助福楼拜购买大理石，以完成他为布耶兴建纪念碑的愿望，还想替他争取一份政府赡养费作为报答。

1879 年初，福楼拜的其他一些朋友，如丹纳、屠格涅夫、亚当夫人、龚古尔和左拉等，还有玛希尔黛公主，他们都希望替福楼拜争取到巴黎麦哲伦图书馆馆长的职位。因为福楼拜为了帮助自己的侄女婿摆脱经济困境，自己也差点破产。麦哲伦图书馆馆长沙西病危，而管理这一职位的单位是教育部。福楼拜的朋友们认为，以他们的影响力，为福楼拜争取这个职位不会有困难。为了不让福楼拜感到尴尬和焦虑，他们决定暂时不告诉他关于活动进行的详情。福楼拜一个人焦急不安地待在克鲁瓦塞乡下，并写了一封信给莫泊桑，询问巴黎的情形：

> 图书馆馆长的职位一直悬而未决，这使我焦急不安。以你的职位之便，你能不能从杰姆斯那里打听一下？我仅想知道一点真相。这都怪我的好友屠格涅夫多事，照我的本意，我是绝对不会为五斗米折腰的……我只想知道这是怎么回事，以免我老是想着这件事……

莫泊桑将实情禀告了福楼拜。福楼拜没有被选上，因为在福楼拜之前，包屈利已经获得推荐。福楼拜的那些朋友没有向新任部长施加压力，只是与已卸任的部长巴尔杜接触了一下，所以事情没有成功。莫泊桑还建议他与新选定的馆长继任人包屈利会面。

福楼拜的朋友因为没有帮上忙，都深感懊悔，于是又设法另谋补救之道。他们请求政府在麦哲伦图书馆增设一个名誉馆长的名额，好让福楼拜领取一份津贴。起初，福楼拜反对这个意见，他认为这是一种施舍。莫泊桑劝他从实际出发，为自己的经济利益考虑一下。莫泊桑告诉他，接受政府的津贴不仅不是耻辱，而是一种荣誉。他给福楼拜写了封信，信中写道：

> 杰姆斯先生和我都认为，政府颁发津贴给个人是为了表示崇敬。过去的国王对国家的伟人都有所颁赠，而我们的政府为何不能？为何明明是一件至高无上的荣誉，而您偏偏认为是一种羞辱，还要为此痛苦不已，这不是自讨苦吃吗？

福楼拜接受了莫泊桑的劝告，领受了教育部颁发他的每年3000法郎的津贴。由于金额太少，他从10月份起就开始预支了。在他的余生中，想要以这点津贴来缓解他的经济困境，无疑是杯水车薪。

莫泊桑在巴黎的书刊、杂志、报纸等方面替他的老师奔走，不过他做的这些甚至不能报答他的恩师于万一。1879年5月，年纪轻轻，也没有作品问世的莫泊桑竟然受邀参加了玛希尔黛公主的圣格莱町沙龙，这完全是得益于福楼拜的大力推荐，而且没有他的鼎力相助，莫泊桑就不可能调动工作。更重要的是，没有他的帮助，莫泊桑也就没有机会成为广大读者崇拜的大作家。

崭露头角

戏剧上的尝试

布耶及福楼拜的写作态度，影响了莫泊桑的文学创作形式。布耶的讽刺人生观和福楼拜在叙事诗中愚弄整个的中产阶级生活的表现，助长了莫泊桑对生存的憎恨和对中产阶级的反感。这些观念，可从他早期的诗和作品中经常讽刺中产阶级的不适宜及失败看出来。

另外，这段时间，莫泊桑也喜欢写一些恐怖故事。《格劳斯医生》描写一位有怪癖的医生，发现了一份古人的原稿，待研究后，才知道是一种阴阳轮回投生的理论，这种理论使他深信，他最喜欢的一只猴子就是他前生的化身，这种对前世身世追认的探索，最后使他发了疯。

这个故事，不仅反映了他自己对生命的恐惧，也表示他对轮回投生这种说法很有兴趣。他在《格劳斯医生》中写道：

格劳斯医生走到书房门口，犹豫了一会儿，还是进去了，他到底还是个很勇敢的人。虽然他不相信什么妖魔鬼怪，但是这时似乎确实潜伏着某种令人战栗的恐怖。

> 他进入书房，对着壁炉坐下，桌上的孤灯如豆，四周悄无声息……很显然，格劳斯医生正在潜心研究他手上的古人稿子。这时他忽然想到，如果前世的他也在这儿……那位前世的他见到了今世的他，岂不是会吓得魂飞魄散了！当他正疑虑的刹那间……桌上的蜡烛啪一声掉在地上，这一声把他吓得半死。前世的他来得这么凶猛吗，待这位被吓呆了的医生定睛一看，原来是他的猴子。

除了这两则恐怖故事外，莫泊桑也喜欢一些经典的传奇故事。这种故事充满了神秘、恐怖和幻想。

此外，这一时期的莫泊桑也编过一些戏剧。由于受福楼拜和布耶的影响，加上他本来就喜爱历史和诗歌，他的戏剧也和早期的恐怖故事一样，充满传奇色彩。在他小时候，在埃特尔塔的家里，他母亲就常帮他和朋友们演些短剧，所以在70年代，他也继续和他的表妹露易丝·波德芬以及一些要好的朋友，参加业余的戏剧表演。

在戏剧方面，莫泊桑是初出茅庐，他想成名，当然应该用戏剧来做实验。他的第一部实验类型戏剧是1875年10月写的，是一出三百行诗歌体的独幕喜剧。可惜这出剧被戏院认为太文雅了，未能上演。

莫泊桑并未气馁，在1876年11月，莫泊桑又写了一场三幕的史诗历史剧。初稿完成后，又经过不断地修改，直到1878年1月，他才把它拿给福楼拜和左拉看。

他把剧本拿给福楼拜和左拉后，他们不置可否。1878年3月，莫泊桑写信给他母亲说，他把剧本给了法兰西戏院，但是他觉得不会被采用。法兰西戏院一直没有给他消息。他在焦急之余，又写了一封信给他的密友——编剧劳伯第·宾康，在信中他大骂剧院，并声称再也不写剧本了。

他的决心并没有坚持很久，到了9月，在福楼拜的帮助下，他写了另一部喜剧，名叫《往昔的故事》。这出剧是描述一位老公爵和一位女公爵，年轻时在不列顿的乡村相恋，因故失散后又重逢的故事。它的优点是剧情单纯，角色少，场景少，适于小型戏院及私人场地演出。戏院老板巴奈德答应过宾康，如果预算不超支的话，他要在他新开的裘西盟戏院，安排上演莫泊桑的剧本。

1879年2月19日，这出戏在日场首次演出。一个星期后，莫泊桑写信给福楼拜，那时福楼拜因为受了伤不能来巴黎。在信中，莫泊桑埋怨福楼拜的侄女未能代表福楼拜前往看戏。莫泊桑对福楼拜说，那出剧出乎意料地成功，并获得了新闻界及文化界名流的一致喝彩。

福楼拜非常希望这出戏能在玛希尔黛公主的8月沙龙上演，由他的演员朋友帕士卡夫人饰演女爵士。玛希尔黛公主回信答应他，只要他一回到巴黎，她便会安排演出。公主也写信给莫泊桑，说她正在和帕士卡夫人联系，也希望演出时他能到场指导，协助演出。但是帕士卡夫人因为一些原因没有参加演出，而福楼拜和莫泊桑两人整个夏天都不在巴黎。

左拉与"自然主义"

法国作家左拉

1875年4月，莫泊桑收到一本左拉的小说，名叫《穆雷教士的过错》。左拉比莫泊桑大10岁，是当时法国文坛的主将。

左拉早期曾醉心于豪华、放纵的传奇文学领域，如雨果的历史小说和诗歌、莫西特的歌剧、勒弗尔和拉马丁的尚古神秘诗等。他早期作品短篇小说集《妮侬的故事》、长篇小说《克洛德的忏悔》，都脱不开对浪漫主义作家的模仿。

后来，左拉对现实主义和自然主义逐渐产生浓厚兴趣。从19世纪60年代中期开始，左拉提出了自然主义创作理论，主张以科学实验方法从事文学创作，按生物学定律描写人，无动于衷地记录现实生活的一切方面。他强调深入体察社会，大量掌握生活素材，所遵循的基本上还是现实主义的创作方法。

在写实文学方面，龚古尔兄弟已经做了先导，他们写过几篇历史性的专论和文艺评论，描绘劳工阶级的形象和社会价值情势，颇为感人。龚古尔兄弟在 1865 年出版的一部名叫《热曼妮·拉瑟顿》的小说，描述一位女佣热曼妮生活的痛苦。为了描述逼真，龚古尔兄弟也像福楼拜一样，真实地刻画了书中角色的形象。他们常带着笔记本，亲自到低级舞厅、监狱、医院去探访。他们还费时费力地研究热曼妮的性格，又从许多病例中探讨酒鬼的生活情形。

左拉的许多作品也是根据史实来写的，而他 1871 年所写的系列小说《卢贡—马卡尔家族》则是借医药书刊的帮助而完成的。左拉效仿巴尔扎克的《人间喜剧》，要反映这整个历史时代。这部巨著以女主人公阿·福格为中心，从她两次结婚所生的后代来证明遗传和环境对人的影响。它的题材非常广泛，涉及法兰西第二帝国和第三共和国时期的政治、经济、军事等各个方面，出场人物有 1200 多个。虽然自然主义的理论影响了这部作品的社会意义，但作者还是成功地描写了 19 世纪后期法国社会的生活画面。

左拉在写作《卢贡—马卡尔家族》系列小说之前，已分别写过两部这种近似科学手法的小说，如 1867 年的《黛莱丝·拉甘》和 1868 年的《玛德兰·费拉》。左拉在小说的情节构思和人物塑造上都突出了生理因素和遗传因素，在探讨人物悲剧的成因时，不强调社会因素，仅强调生理因素起决定性的作用。在这两部小说的前言中，左拉声称，他对书中角色的描写，像外科医生对待病人一样，予以公平精确的描述，不考虑什么道德和迷信。

由于工业革命的来临、铁路的发达，以及他对科学理论与实验的浓厚兴趣，左拉决心要把科学带进文学领域里去。他继续以"科学"作为他的工具和武器，写出前所未见的下层生活面貌来震撼那些愚昧而势利的中产阶级。这便是所谓的"自然主义派"的重要由来。那个年代的青年作家，包括莫泊桑在内，都对"自然主义派"心悦诚服。

莫泊桑在看完《穆雷教士的过错》后，高兴得不得了，马上回了封信给左拉：

> 您的大作我刚拜读完毕，这的确是一本优美而且引人入胜的好书，很少有书能给我这么深刻的印象，难怪原先批判您的那些报纸，现在也转而对您敬仰佩服了。我把整本书看完之后，爱不释手，然后再次品尝其中妙处……

尽管莫泊桑对他那部《穆雷教士的过错》赞扬有加，左拉却并未因它而功成名就。真正使他蜚声巴黎的作品是一部专门以劳工阶级为背景的《小酒店》。这本书起初是在报纸上连载的，在连载时便有人指责，左拉把劳工阶级描述得太低级、太刻薄了，左拉只好将故事转往更自由、更开放的《国家》杂志上登载，不料同样遭到禁载的命运，最后再转到他朋友孟代斯的《文学共和国》杂志上刊载，直到整个故事完成。最后整部书出版时，报纸的编辑怕引起读者的反对，还为这部小说的出版作了一个说明。

事实上，每一家报纸和每一位名评论家，都对这部作品展开了口诛笔伐。故事叙述的是，洗衣女工绮尔维丝原来是个积极进取的青年，结婚后开了家洗衣店，婚后生活的逐步改善使她和她丈夫古波慢慢堕落——她开始讲究排场，好吃懒做，而她丈夫则开始酗酒，这使他们一步步滑向深渊。先是洗衣店倒闭，后是绮尔维丝受尽羞辱，穷苦潦倒而死。小说中绮尔维丝与其他的洗衣妇在洗衣房打架的情景，以及对工人阶级的粗鄙话语的描述，对习惯了雨果传奇故事，以及乔治·桑田园风情诗的读者来说，当然是难以接受的。

于是一群爱好浪漫主义文学的评论家，与一群以科学精神写作的自然主义派之间终于爆发了一场论战。在左拉与报纸和评论家辩论的时候，他的这本书销量剧增，在 1877 年一年中，他这本书已经印刷了 38 次。

与此同时，左拉的另一部名著《娜娜》于 1880 年 3 月出版，书中描述了绮尔维丝的女儿娜娜的命运。这本书的销量甚至超过了《小酒店》。由于书的热销，左拉也成了有钱人。1878 年，他不仅在巴黎波洛街买了公寓，还在郊区梅塘购置了别墅。

在与保守派的论战中，左拉赢得了最后胜利，他也因此成为一群作家的首领。这一时期，莫泊桑也受他的影响，慢慢放弃了对历史传奇文学的兴趣,转而写作现实和讽刺作品。

"自然派"的成员每周四晚上都在左拉家后面的一间小馆子里聚餐。这些成员大致有保尔·阿莱克西、昂利·塞阿、莱昂·埃尼克、于斯曼和莫泊桑。另外,也有些临时访客,大都是青年艺术家。

有时候他们也到各成员的家里去聚会,包括莫泊桑在卡劳左街的住处。这个地方小得可怜,他们聚会时,椅子只好堆到碗柜里去。1873年8月1日,于斯曼撰文回忆说:"我们的谈话如同我们咽下的食物,常常粗陋得很,但是气氛总是活泼的,尤其是莫泊桑,每次他一到,就成了聚会中的灵魂和生命。"

1878年以后,这种餐会被改名为"牛肉晚餐",自从改供这种饭菜之后,气氛也就与前不同了。他们又从小馆子移到了大饭馆,会餐的人员除了左拉那一帮追随者之外,还有小说家保尔·包格、诗人弗朗哥·考彼以及印象派画家塞尚和马奈等。随后,这个聚会又迁移到左拉的梅塘别墅里去了。于是左拉夫人要以丰富的酒菜招待这些客人。酒足饭饱后,他们便彻夜畅谈文学。

其实早在1874年年底,福楼拜、龚古尔、屠格涅夫和左拉等人,就每月一次在咖啡店或别的地方聚餐,他们称之为"被嘘下台的作家晚餐",因为他们的戏剧都已不在戏院上演了。

除了梅塘别墅的聚餐外,1877年4月13日,他们在巴黎的一家餐厅举行了更盛大的聚会。这次聚会中,福楼拜、龚古尔也参加了。龚古尔在当天的日记中写道：

> 今晚于斯曼、塞阿、埃尼克、阿莱克西和莫泊桑
> 等"自然派"或"写实派"的青年作家们，都在这次
> 招待晚宴中，称福楼拜、左拉和我为现代文学的三位
> 领袖。这是一支新形成的文化队伍……

龚古尔虽然对自己被邀请参加这次晚宴感到荣幸，但是敏感而自负的他见到左拉的作品中有剽窃他的写作技巧和结构的成分，难免感到不快。

福楼拜之所以参加这个晚宴，是因为莫泊桑的劝说。他这个"克鲁瓦塞的隐士"从来就不相信什么派别运动。左拉作品中对下层阶级作缺乏文艺形式和美的写实表达，使这位保守的隐士很难接受。福楼拜虽然对左拉的"自然主义"不以为然，但是当他在左拉的小说中发现生动有力的描述时，他也对这个 36 岁年轻作家的才华感到佩服。福楼拜之所以来参加这次晚宴，除了莫泊桑的劝说，还因为他爱好美食，而且最近他的心情烦闷，想趁这个机会与朋友轻松一番。

这次晚宴因为有法国当代文坛长辈参加，加上报纸的大力渲染，《文学共和国》杂志更是宣称 4 月 13 日为文坛的大日子。有了这些渲染，左拉及他的追随者获得了大量的出版机会。他们的胜利对法国当时的文学趋势产生了重大影响。再也不是左拉一人在为"自然主义"摇旗呐喊了，

这位《小酒店》的作者，已获得青年一代和老一辈作家们的集体拥戴了。

希望成名的念头驱使莫泊桑去接近左拉，并加入他的圈子，这情形正如他之前想获得福楼拜的协助而与他接近一样。"自然派"者描绘角色，根本不考虑什么文体、道德和心理状态，而只从事物的外表来描写。这种风格并不适合这位曾经受过福楼拜教导的青年。

这一点，莫泊桑一开始就感觉到了。当他的《往昔的故事》上演时，莫泊桑便对福楼拜报告说，左拉及他的门人并不喜欢他这种传奇故事和贵族事迹，他们认为这些违背了"自然派"的精神。塞阿参观过表演后写道："我们应邀去参观过了，但没什么兴趣。我们在爬上舞台去向莫泊桑道贺后，便一起到戏院去观看《小酒店》第40集的演出。"

但是，为了巩固自己的利益，莫泊桑只好继续与他们为伍。事实上，左拉的运动确实对莫泊桑的成功大有帮助。1877年2月，左拉的《小酒店》正在流行，莫泊桑仍在写他的历史剧。他写信给他的朋友宾康：

> 我身处的这个文学圈，人人都讨厌诗歌，但是诗歌对写作大有裨益，这个想法不会错。我在戏剧与小说方面，被迫站到了"自然派"的队伍里，因为这种作品越是写得多，就越容易被人接受……别人都认为这是对的，但是总有一天，会有一种新的形式来取代

它吧……

　　显然莫泊桑是想利用"自然派"的出版圈，获得更大的利益。但是不幸的是，左拉的小说《娜娜》出版以后，也引起了一股新的反对浪潮，有些激烈的群众也开始批评莫泊桑在报纸上刊登的两首诗。幸亏有福楼拜的辩护，证明他的诗中的文学价值，莫泊桑才没有被卷入更大的风波。

　　莫泊桑参加过"自然派"的聚会，当左拉的小说《小酒店》和《娜娜》在戏院演出时，莫泊桑也到场观看。莫泊桑甚至帮左拉买了一艘船，取名为"娜娜"，并于1878年7月，在封丹和埃尼克两人的协助下，把这条船由49公里外的比桑，送到左拉的乡村别墅。

　　起初左拉的别墅小得可怜，他把它形容为"兔子窝"。直到1878年夏天，左拉才把房子扩建，在旁边添建了一座四方塔形的房子，从花园中可远眺河流的风景。左拉发迹之后，他大部分的时间住在"梅塘别墅"接待宾客，与门人聚会，也不去巴黎了。偶尔他的门人乘坐"娜娜"号在河上遨游。

《羊脂球》

　　当福楼拜在克鲁瓦塞埋头创作小说时，莫泊便频繁地来往于"梅塘别墅"。他去"梅塘别墅"，不仅可以追求他的文学前途，还可以满足他爱好乡村的愿望。他在描述"梅塘别墅"的情形时提到：

　　这所方形、又高又大的新建房子，好像童话里的大山生了一幢小白房子，这小房子是原来的主人建的，而这座塔是左拉建的。门铃一响，一条庞大的杂种狗便开始咆哮，佣人们把狗呵斥住后，再去开门，把来客的名片呈给主人，接着佣人请宾客进去，长长的走廊外面，是一座美丽的花园。

　　进门就是一间宽大的客厅，高高的天花板，光线充足，四壁是古色古香的挂毡，左边有两座大石像，一个大火炉，这火炉如果整天烧着的话，恐怕要烧掉一整棵大橡树。中间一张大桌子，桌子上堆满了书、报纸和稿子，客人一进门最先看到的，是一位躺在旁边一张几乎可坐20人的东方式大沙发上的大块头。

　　请客人坐定后，左拉就在对面沙发上盘腿而坐。他的旁边放着一本书，右手握一柄象牙色纸刀，一只眼看着刀缘，另一只眼则凑得更近，因为他是近视眼……

　　他的一对眼睛似乎能把人看穿，使人觉得他足智多谋。初次与人见面，他一定会察言观色。他那个圆圆的脑袋，正与他铿锵有力的名字相符。

莫泊桑虽如此描述左拉，但他对左拉的不满，可以从1879 年 4 月 24 日，他写给福楼拜的一封信中看出来：

> 您对左拉的看法如何？我发现他说得实在荒唐！您看过他评论雨果的文章、《现代诗人》上的文章，以及他的小册子《大家与文学》吗？他说，群众都会成为"自然派"，否则他们便不能生存。我们可以从书的背面看到，他说"依据'自然派'的公式，我是位伟大的小说家"，这种往自己脸上贴金的行为，奇怪，竟然没有人笑话他。

1877 年 1 月 17 日，他写了一封信给左拉的一个追随者（一般猜测可能是保尔·阿莱克西）：

> 我再也不相信"自然主义"和"写实主义"了，这些字眼我觉得毫无意义，只有增加争执。我不相信什么自然、写实和真实的生活是文学工作的必要条件，这只是几个平凡的字眼而已。
>
> 柏拉图说，"美丽是真理的光辉"，这个说法我完全同意。只要作者对事物的感觉是准确的，事物经作者感触到后，通过他的思考，依据他空虚的想象，加上特别的色彩、形象和价值判断……这样，无论这个事物是发生在哪个时代或国家，都会是美的，因为这

是出自各种不同作家的手笔。

17世纪的古典文学时期为文学创下了崇高、肯定的文学准则，它留下了什么作品？浪漫文学在那时发出了巨大的呼唤，也获得了大家的一致响应。他们发明的，而且都认为是崇高的文艺形式，它们留下了些什么？

现在又冒出了一派人，他们自命为"写实派"或"自然派"，他们是这个时代的天才作家，也会随着时代的结束而成为过去，他们能留下些什么？

今天左拉成了一名领袖，他只是提供了一种艺术的形象，这种艺术形象和雨果的形象并不相同。他们采用了不同的方式去解释这个世界，但他们并未为文学找到永恒的出路。但他们都有特殊的天才，所以他们都以为自己办到了。只要"自然派"一出现，那么反对他的一派——即顽固的理想主义——也会出现。这是文学发展的逻辑决定的。历史告诉我们，这一逻辑不会像人性那样善变。

不要让第三个人知道这封信。当然，如果您给左拉看了，我更下不了台，因为我很崇敬，也很喜欢他……

即使不看这封信，左拉也明白，因为梅塘集团一年前出版了一本合集，其中有一篇莫泊桑的《羊脂球》，莫泊桑在文中已经表明了他的观点。面对"自然派"内部的分歧，左拉只好睁只眼闭只眼。

莫泊桑举出许多理由来反对左拉的对文学绝对真实的意图，他强调左拉的观念与他有不同之处，他作结论说，尽管左拉讲的是写实主义，在理论上是实体的改革者，但是他的小说《卢贡—马卡尔家族》中，却常流露出诗歌的意象和夸大其词，与很多浪漫文学作品相似。因此，在莫泊桑看来，左拉并不是一位文学的改革者，只是一位有才华的作家。

由左拉与他的追随者所写的六个故事汇编成的《梅塘之夜》集子，是在 1880 年 4 月 16 日，由查潘特出版的，序言中强调这些文章的内容均与普法战争相关，采取立足于现实的、非英雄主义的视角。

第二天，莫泊桑就在报上发表了一篇文章，在这篇文章里，不再强调与左拉及其门人之间的友谊及相同的文学观点，只解释为何这六位作者要把他们的故事汇编在一起出版：

> 我们没有理由成为一个派系。我们只是些相互仰慕的朋友，喜欢在左拉家里聚会。由于个性和观念的相似，还有哲学观点的一致，我们更为亲密，我们都不自觉地、不约而同反对浪漫文学的感情主义……
>
> 下面为我们的集体故事提供一点由来：
>
> 夏天，我们在左拉的别墅里聚会，在漫长的吃饭时间里，我们开始聊起来。左拉对我们说他要写一本

书，他的意见是要包含各种文学。

吃完饭我们去钓鱼，埃尼克是钓鱼的能手，最糟糕的是左拉,他连虾子也钓不到。我躺在"娜娜"号上，或游泳几个小时。于斯曼喜欢抽香烟，塞阿在乡下待不习惯。整个的下午就是这样消磨掉的。

……

夜间美极了，很温暖，充满了树叶的馨香，所以每晚我们都到别墅外面的"大岛"上散步。

于是我们开始思索所有的短篇小说作者，热烈地指出每一个作者的优点。我们所想到的最伟大的那个，就是几乎成为法国人的俄国作家屠格涅夫。阿莱克西说，写作短篇小说其实并不是件容易的事。左拉却说，他认为我们每一个人都该讲一个故事。起初大家都觉得这个提议好笑，后来也接受了他这个意见。没法解决的问题是，我们都同意，大家都保持第一个编故事者的结构，再用这个结构去发展各人的情节……

在《梅塘之夜》的六个故事中,论主题、写作技巧和文体,莫泊桑的是最好的了。左拉的小说《磨坊之役》描述了一个女孩和她的父兄，在磨坊里被敌人掳走的悲惨命运；于斯曼的《背上背包》描述一位军士，他宁愿患赤痢住医院，而不愿意到军中去；阿莱克西的故事是说一位太太去收殓她死在战场上的丈夫，却对一个"可怜的伤兵"动了心——这个伤兵原来是位神父；埃尼克的故事是说，一位受伤的士兵为了他的伙伴，去向一位风尘女子的情人报仇；塞阿谈到巴黎的围城，重复了荷马史诗以来一直袭用的题材——女人永远能够促使许多男人去干那些愚蠢的事情。与这五个人的作品相比较，莫泊桑的《羊脂球》可说是其中的翘楚了。

1879 年年底，莫泊桑已着手撰写短篇故事《羊脂球》，描述了一个发生在普法战争中的真实的故事。小说描绘了1870 年普法战争期间，有一辆法国马车在离开敌占区时，被一名普鲁士军官扣留。军官一定要车上的一个绰号叫羊脂球的妓女陪他过夜，否则马车就不能通过。羊脂球出于爱国心断然拒绝，可是和她同车的有身份的乘客为了各自的利益，逼她为了大家而牺牲自己，羊脂球迫于无奈而作了让步。可当第二天早上马车出发时，那些昨天还苦苦哀求的乘客们却突然换了一副嘴脸，个个疏远她，不屑再与她讲话。她觉得自己被这些虚荣的混账东西的轻视淹没了，当初，他们牺牲她，现在又把她当作一件肮脏的废物扔掉。。

莫泊桑以一连串的人、情况和符号的合并对比，来描述不同线索的主题，其中的评论和讽刺技巧也是福楼拜所常用的。他也以简单、巧妙的模仿，适当刻画人物的某种思想和行动，以塑造他角色的代表典型。

这个故事很可能是莫泊桑的叔父、母亲或表妹露易丝·波德芬告诉他的，但是莫泊桑却把这个真实的故事转变成一个崇高伟大的象征。虽然是描述一个妓女和一个好色的普鲁士军人的故事，但其中却没有下层阶级的粗鄙言语，由此我们可以看出，莫泊桑的写实主义观念与左拉自己及其门人们有所不同。

莫泊桑遵从福楼拜的教导，在遣字和表达方式中都要做到精确无误。虽然他不完全赞同福楼拜的那种唯美观念，但个别的写实说明和个别的技巧、文体，他已经学会了。而福楼拜当然能从他这位爱徒的文章感觉出来。这些既不是"浪漫文学"的才能，也不受"自然主义"的影响，而是莫泊桑自己的愿望，这些是一位作家必备的特质。

1880 年 2 月 1 日，福楼拜回信给他的学生，称他这篇作品为至宝，并附上了一点意见：

> 我正要告诉你，你这篇《羊脂球》全篇想象美妙、风格独特，是一篇杰作，真是杰作！总之，我很高兴，事实上，我已大笑了两三次……
>
> 随函附上纸笺一张，这是我的一点意见，考虑看看，我认为这样比较好些。我可以保证，这篇作品会流传永久，你把中产阶级们的面貌刻画得非常形象，个个惟妙惟肖。考劳德蒂也描绘得真实美妙，戴假面的女尼真是绝透了，弄得伯爵竟叫她"我的好孩子"！别人在高唱马赛曲时，那女孩却独自哭泣，真是一种高洁的升华。真的，我太高兴了！这是我爱看的书，我衷心地赞许。

但是正因为这个主题稍嫌粗俗，会使中产阶级觉得难堪，其中有两点，虽然不是太坏，可是有些笨蛋可能会有误解：第一，那青年把国家制造的武器投入泥中的态度；第二点，你描写的那位小姐是位可爱的姑娘，你如能把她的肚皮写小一点，那我将会更加喜欢！

《羊脂球》出版后被称为杰作，获得赞许。4月20日，左拉的一位朋友罗德在报刊上称赞莫泊桑的文章踏实和有幽默感。莫泊桑于4月底写信给福楼拜说：

《羊脂球》彻底地成功了……孟代斯还特别来向我道贺，他说的和你一样，说，这个短篇小说至少会流传二三十年，我真是高兴极了！因为他是一位有智慧的学者……

这本书在短短的两星期内，便再版了8次。这本书也增加了莫泊桑诗集的声望和销量，也使公众发现他有写小说的才华。等他到查潘特办公室查询这本书的收益时，发现他只能分得500法郎。虽然他这篇《羊脂球》很受欢迎，但是其他的作者却坐享其成。但无论如何，《羊脂球》是他成功的开始。

痛失良师

《羊脂球》出版后一周，莫泊桑也紧接着出版了一本《诗集》。1880年4月15日，莫泊桑在寄给福楼拜的《诗集》中写道：

献给

居斯塔夫·福楼拜

我衷心挚爱的杰出的慈父般的朋友

我最最敬慕的无可挑剔的导师

1880年5月3日，福楼拜在写给莫泊桑的信中提到，"《梅塘之夜》出了八版，而我的《三故事》才出了四版。我简直要嫉妒了。"他们约定在七天后，也就是5月10日见面。

1880年5月8日，星期六，离他们约定见面的时间还差两天。下午下班后，莫泊桑返回住所，准备收拾东西，去比桑划船。下午三点半，他收到电报，说福楼拜因为中风，当日猝死。

青年时期的莫泊桑

莫泊桑不肯相信。就在一个多月前的复活节，福楼拜还在克鲁瓦塞寓所设宴款待龚古尔、左拉、查潘特和莫泊桑等好友。几天前，他还在鲁昂邀请帕士卡夫人、拉培利和布兰妮夫人，参加为纪念圣·玻利卡蒲而举行的晚宴，这次的晚宴他显得特别愉快。首先是他侄女婿的财务问题终于得到了解决；其次,他的小说《布瓦尔和佩库歇》的前半部分已经快要完稿了。现在克鲁瓦塞和在鲁昂的两次宴会中，他都显得那么称心愉快，现在却突然传出死讯，怎不令人震惊！

不久之后，从比桑也转来了一份电报，证实了福楼拜去世的消息。莫泊桑立即搭乘晚上六点的火车赶往克鲁瓦塞。莫泊桑在给屠格涅夫的信中提到了这次的行程：

> 我在极度的悲哀中挨到了傍晚六时，在圣拉萨尔火车站与科曼维尔夫妇（福楼拜的侄女和侄女婿）会齐，便同车前往鲁昂。到达他的寓所后，我们发现他平躺在床上，中风使他的脖子红肿瘀血，除此之外，没有任何异样，他看上去就像睡着了一样，实际上却已经死了。他们告诉我，星期五晚上吃过饭后，他还和他的医生以及邻居福田先生一起研究高乃依的作

品，晚上睡得很好，直到第二天早上八点才起床，起床后洗了个澡，换过衣服，他便去读新到的信。他感到有些不舒服，便叫佣人去叫医生。佣人回来后，告诉他医生外出了。他对佣人说："我的老毛病又要犯了，幸好发觉得早，我明天就要去巴黎了，要是在火车上犯起病来，那可糟了！"他打开了一瓶古龙水，在太阳穴上擦了一点，便慢慢地躺下来，自言自语道："鲁昂……这儿到鲁昂并没多远……赫洛特——加龙省医生……我对赫洛特家很熟……"不久他便昏过去了，脸部充血，两手痉挛……没过多久，他就停止了呼吸。

下葬之前，尸体是由莫泊桑、福田医生和保契特医生三人清洗的，他们又给他擦上了古龙水，为他穿上丝质内衣，加上背心、衬衣、领带和手套，并梳整他美丽的胡须和那一头被人称之为"海盗"的金色头发。莫泊桑也守在灵前，接待所有前来吊祭的客人。

葬礼于5月11日举行，那天是星期二，时值暮春，天气暖和，先是在距克鲁瓦塞三里处的康特诺教堂举行追思大会，然后安葬于鲁昂纪念陵园。左拉、龚古尔、都德等很多文坛好友都来参加了。

福楼拜的墓穴还是他父亲早年为他造好的，因为福楼拜小时候生过一场大病，他的父母都觉得他可能活不下来了，便为他准备了后事。谁知道这个孩子后来居然痊愈了。当然了，当年那小小的墓穴怎么能容得下这偌大的灵柩呢？没有办法，抬棺的人只好把福楼拜的棺木直立起来放置。这情景令来送葬的左拉、龚古尔、都德等不忍看下去，纷纷提前离去了。但是莫泊桑却不以为然，他对这位老师非常了解，他为人乐观豁达，在《包法利夫人》和《布瓦尔和佩库歇》这两部小说中，他称人类是愚蠢的，如果他地下有灵，看到这一场景，恐怕他会拍掌大笑呢。

不过，福楼拜在这个时期溘然长逝，对莫泊桑的打击确实不小！在他的文学之路上，还有谁会像福楼拜那样鼓励他、批评他、帮助他和照顾他呢？

莫泊桑在给福楼拜的侄女的信中写道：

> 我越是想念他，内心便越觉得痛苦！他的影子一直在我的脑海里浮现，我看见他穿着棕色的长袍站在那里。他的音容笑貌，历历如在眼前。本来我们相依为命，爱好与共……谁知道晴天霹雳，顿时阴阳两隔！我可怜的母亲，他的逝去使她失去了幼年的最后的朋友，在她生命中，再也没有幼年时美好欢乐时光的回忆了！她再也不能问他"你记得这个吗？你记得那个吗？"
>
> 我此刻痛切地感觉到生活多么无益，一切努力全是徒劳，事物如此可怕的单调，精神何等的孤独。我们每个人都生活在这种精神孤独的状态中，我只有在

能够同他促膝交谈的时候，才不那么为其所苦……

这些都是沉痛的事，但这种沉痛的思想，在我们
心情沉重时，比任何不相关的事都来得有效……

科西嘉的收获

福楼拜之死，引发了莫泊桑潜在的悲观心理，使他比以
前更感到寂寞与不安了。当然，福楼拜之死对莫泊桑的那位
多愁善感的母亲的打击，更是非同小可。他们母子本来就有
精神失常的毛病，在这一次的打击下更严重了。

洛尔曾多年在巴黎遍访名医，却还是不见好转。这次，
由于福楼拜之死的打击，加上第二个儿子艾尔维的不争气（艾
尔维不务正业，挥霍无度，经常在外面四处向人借钱，债台
高筑），洛尔的病情更加恶化了。医生劝她找一个安静的地
方休养，以摆脱埃特尔塔的经济压力与心中的烦闷。洛尔选
择了科西嘉，那儿的气候温和，景色宜人。

莫泊桑也是一样，他的视力已经受损，加上这次的哀恸，
情况更加恶化。关于他的眼病，他在 3 月初便已写信告诉过
福楼拜了：

我的右眼不能灵活地转动，艾巴德医生说没有办
法治疗，我只能去配一副矫正眼镜，才能使视力恢复

正常。但是拜访医学院担任教授的兰都医生时，他却认为可以治好，因为艾巴德不了解我的心理状态。据兰都医生诊断，我的毛病与我母亲的一样，都是上脊椎骨受了轻微的刺激，引起了心悸亢进，不但头发脱落，也引起了眼睛的毛病，只要从根源上治好，其他的毛病便可不药而愈……我认为他说得对……

福楼拜对莫泊桑的病情也很关心，3月17日，莫泊桑到克鲁瓦塞参加复活节宴会时，福楼拜还让他的私人医生福田替莫泊桑诊断。据福楼拜所说，"诊断的结果并没我想象的那么严重，他的身体并没有什么毛病，只是一种严重的风湿和神经过敏而已"。

福楼拜去世的打击，以及《羊脂球》和《诗集》两部作品的成功，使得莫泊桑必须加紧写作，于是在1880年6月，莫泊桑向教育文化部请了两个多月的病假。

在他的假期快结束的时候，他又请求续假。显然，他的病只是借口，好争取时间继续为《高卢人》杂志写东西倒是事实。此时，他的母亲正在科西嘉，莫泊桑也想到那里去探望他母亲，他认为这个小岛也是搜集写作题材的好地方。于是在8月3日，他又写信给他的部长：

部长：

感谢您在6—8月份发给我三个月的薪水，使我能安心地养病。尽管我耐心地调养，奈何迄今仍无好转。随信附上兰都医生的诊断证明，他劝我到空气新鲜、有温泉的环境里去疗养，为此特请再予续假三个月……

续假又被批准了，莫泊桑确实有病，但他却不愿为了治病而放弃他的文学。他并未到温泉去，而是去了科西嘉，在那里也只逗留了几天而已。9月29日，他从威科写信给埃尼克说：

> 我到科西嘉是为了要陪我母亲几天，因她老人家身体不太好，虽然现在有些好转了，但是她为了不与我分开，每次我出发去一个新地方，她都要跟我一起去。现在她又在威科病倒了，显然是劳累过度。我无法把她送到科西嘉去，只好留在这儿照顾她。虽然我的旅程未能完成，有点遗憾，但我会尽快把船开回来，只是今后恐怕很难有这种机会了。我花了不少冤枉钱，只游了一趟，为了她老人家的病，我不敢马上离开，不然她会很失望。

莫泊桑抵达科西嘉后，科西嘉温和的太阳抚慰了他的疲劳和烦恼，他趁着这个机会，参观了拿破仑的故居和著名的"麦加尔"家族的生活，该家族以海盗业著称于世。这个小岛的历史、炎烈的阳光和原始的自然风光，给他留下了深刻的印象：

> 科西嘉虽然整天在炎炎烈日的普照下，街道仍然是美丽清洁的，到处都是高大的树木，空气中充满了神秘的芳香，令人心旷神怡。拿破仑虽然死在老远的圣赫勒拿，可是科西嘉仍然到处可以看到他那伟大的身影，到处都是第一议会及皇帝的雕像、图画和碑文，街道都以这个家族之名来命名，以示纪念……

> 科西嘉位于碧波万顷的海湾里，市外环绕着橄榄树、无花果和柑橘等各种丛林，只需稍加整理，这里就能成为地中海上最迷人的避寒胜地……

为了拜访在福楼拜家认识的狄当神父，莫泊桑甚至骑骡子到卡巴拉修道院去。科西嘉的原野风景优美，难怪狄当神父宁愿在这儿寂寞地修道，而不愿返回巴黎了。莫泊桑曾对他说："等到我老了，想当隐士的时候，我就来到这里，和你一起祷告。"可惜，当莫泊桑有了名誉和地位以后，却再也不想避世隐居了。

莫泊桑骑着骡子走山路，经过了美丽的艾东尼和弗多尼罗森林，进入尼罗峡峪，再翻越崎岖的派拿山峰，在勒沙村过夜。那里没有旅馆，也没有餐厅，只有太阳和起伏的山峰，以及山边一些小小的茅舍。

莫泊桑在科西嘉时，经常寻访山林中的原始美景，有一次，他遇上了科西嘉的盗匪，这名盗匪由他们的同党护送，通过了警察检查的关口。莫泊桑以他丰富的想象力，将盗匪的感人事迹融入了他的作品中。他也发掘了著名的"贝拉柯西亚"兄弟的许多事迹，为了爱情和家族的荣誉，他们杀了很多人，却始终没有被警方逮捕。

科西嘉的男人仍会为爱情和荣誉决斗的野蛮行为，被莫泊桑拿来作为他小说《一生》中的写作材料。书中主角珍妮和朱利安到科西嘉去度蜜月，结果这对新人从科西嘉回来后居然分道扬镳了，珍妮感到悲观失望，朱利安则从一开始就对她不满。这个故事可能正是反映莫泊桑自己的心情的，因为他终究要告别科西嘉的骄阳和美景而回到巴黎，继续他那枯燥乏味的工作。

创作高峰期

莫泊桑从科西嘉回来以后，整个冬天都埋头写作，由于他投入了大量的时间和精力，以至于他的健康情况继续恶化。1881 年 1 月，他曾写了一封信给福楼拜的侄女，说他没有马上给她回信，是因为他的头和眼睛非常痛。尽管时值隆冬，外面整个呈现一片萧杀荒凉的景象，莫泊桑却独自待在埃特尔塔家里，完成了一个短篇故事，名叫《泰利埃公馆》，他自认为至少可以和《羊脂球》媲美。此时他的母亲还在南部，她的病情也略有好转，在莫泊桑写给母亲的信中，他描述了他在写作时的孤单和失望、生病的痛苦和写作时遭遇的问题：

> 冷风似箭般从门缝里钻进来，把桌上的蜡烛吹得忽明忽灭，火炉里的火虽然很旺，但整个屋子并不暖和。四周静悄悄的，古老的家具也显得暗淡凄凉，我觉得内心有一种孤寂的凄凉，远比这房子的寂寞更难忍受。我感觉整个世界快要崩溃，生命的空虚感把我击倒了。想到一切的一切都是空虚时，我的脑海又浮现了对生命的茫然……

这种孤寂、悲观的意识形态，大部分都反映在他的作品中。他这部名叫《泰利埃公馆》的作品，是1880年12月，他请过另一次病假后才完稿的。这部作品表现了莫泊桑的情感以及讽刺和放荡的幽默，彻底匿藏了他私人生活的烦闷和痛楚。

男女的非法结合问题，或因经济、野心的不协调而导致的家庭纠纷或分离等题材，是莫泊桑的拿手好戏。这类题材是莫泊桑对这世俗社会的虚伪以及那些高贵的制度的揶揄和讽刺。读者们可以信手拈来，作为日常谈话的谈资。

事实上，莫泊桑的作品在社会秩序及人伦道德方面，的确引起了大众反感。书商哈弗特甚至拒绝在全国火车站内销售他的《泰利埃公馆》。

尽管遭到很多保守人士的反对，这部作品的销量还是很好。莫泊桑还特别送了一册给屠格涅夫。屠格涅夫不但对这部作品赞赏有加，而且还推荐给了托尔斯泰。托尔斯泰很快读完这部小说集。他确信这位年轻作者具有"那种能在普通事物和生活现象中见到人所不能见到的特征的天赋注意力"。著名小说家皮利罗第也认为这是法国文坛最佳的短篇小说。1881 年 7 月 11 日，左拉也在报上撰文，称赞这部作品的故事和心理分析简单扼要。他的这部作品使他的很多朋友和评论家认为，他不是一颗一闪而过的流星，只要他坚持写下去，一定可以成功。

1881 年，莫泊桑也将他的故事和小说在《高卢人》杂志上连续刊载。他的文学创作严重地影响了他的健康，他不得不再次向教育部请了一次病假。此时他已经在巴黎买了一栋新公寓，但他却仍然与封丹住在沙桥威河畔的白屋中。

1881 年 7 月，当《泰利埃公馆》仍被热烈地讨论时，莫泊桑决定和他的朋友到阿尔及利亚旅行。7 月 6 日，莫泊桑从马赛搭乘阿狄柯达号前往阿尔及利亚。

离开生活舒适的法国，进入阿尔及利亚后，一行人便一路南下到亚特拉斯山和撒哈拉沙漠。白天，他们骑着马，顶着烈日在沙漠中行走，夜晚则睡在帐篷里，与秃鹰毒蛇为伍，行程相当艰辛。

沙漠之行使莫泊桑了解了游牧民族的生活，他看到他们的帐篷和用具都非常简陋，但都有讲究的毯子当寝具，女人们也有美丽的珠宝来装饰，这些都是阿拉伯民族的天性使然。尽管旅途上有许多的不便，莫泊桑却仍然显得非常愉快。1881年8月，他写信给母亲说：

> 亲爱的妈妈，我要告诉您一个好消息，我已经进入了沙漠中……这儿的炎热我还能忍受，不过要是到了高原地带，我肯定就撑不下去了。拂面的沙漠热风真是令人难受，太阳把来复枪的枪把晒得烫人。每个大石头下都有毒蛇盘踞，我也看到了天空中不断盘旋的秃鹰，它们在寻找胡狼和骆驼的尸骸……

他这趟旅行全是为了写作，当他在一望无垠的撒哈拉沙漠中走了一天，晚上躺在敞开的帐篷中，看着星月皎洁的夜空时，他愉快极了：

> 在这么矮小简陋的帐篷里往天上看，只能看到星星，从帐篷边往外看，则是一片广大的荒漠，这使我想到，我和这个世界的人和事离得多么远啊！
>
> 每天的景色几乎都是一样，凶猛的烈日吞噬大地，太阳一下山，月亮便紧接着从荒原上升起。
>
> 这块土地虽然沉寂，却充满了尘沙和原始的淳朴。这一幅宁静、荒凉而充满了耀眼光芒的景色，极目无

穷，引人入胜，甚至连仅有的一点植物，也都是稀有而令人叹为观止的。日复一日，这种宁静的沙漠，便会渐渐地进入人的灵魂深处，像刺入皮肤的沙漠热风一样，贯入人的思维中，使人渴望成为游牧民族，像他们那样，终生在无涯的沙漠里打转……

回到巴黎后，莫泊桑将这次旅行写在他1882年5月出版的《菲菲小姐》中。

此时，莫泊桑被当时社会上的一股反"自然派"浪潮所连累，人们指控他的作品，像左拉的其他门人一样，完全是描写色情。

其实，莫泊桑的那本《菲菲小姐》并没有什么色情可言，但是，当他把这故事提供给出版商出版时，他便预料会"产生一种震撼"。

《菲菲小姐》记述普法战争中，普鲁士军队入侵法国。少尉冯·艾里克因其身段漂亮，脸色苍白，对人蔑视，常发出"菲菲"的声音而成为"菲菲小姐"。他是一个性子火暴的战争狂人，在一次军官们举行的宴会中，"菲菲小姐"出言不逊，流露出对法国的蔑视，最后被法国妓女拉歇尔杀死，而拉歇尔在神父的帮助下，顺利地逃过普鲁士军队的捕杀。当这位普鲁士军官下葬时，她还在为他敲响丧钟。故事的结尾说她勇敢地待在教堂里，直到战争结束后嫁了一位有钱的丈夫，她的先生把她塑造成一位"名门淑女"。这显然是借此以讽刺 1870 年时，地方上一些消极的天主教中产阶级的。这种讽刺的意味，正和《羊脂球》中的爱国妓女相互呼应。

从 1883 年 2 月 25 日开始，莫泊桑的长篇小说《一生》开始在《吉尔·布拉斯》上连载。这部小说是专门献给莫泊桑的好友布兰妮夫人的，因她对莫泊桑一向友善。

这部小说的创作几经曲折，一开始，他曾在信中与福楼拜讨论过多次，并获得福楼拜的支持，但是由于他的工作和健康的关系，一直拖了好几年，也没有动笔。直至他的工作环境改善了，其他的作品获得了极大的成功，他才想起来这个酝酿已久的故事。

《一生》是一部成功的作品，有人说它是继雨果的《悲惨世界》之后最优秀的法国小说。小说以朴实细腻的笔调，描写一位出身破落贵族的纯洁天真、对生活充满美好憧憬的少女雅娜进入人生旅程后，遭遇丈夫背叛、父母去世、独子离家出走等一系列变故，在失望中逐渐衰老的过程，概括出了人们生活的一种基本状态：人生既不像我们想象得那么好，也不像我们想象的那么坏。

这部小说表现了作者对事物的正确道德观，借着善良、追求完美的女人雅娜的一生，反映了女人在任何时代都可能面临的问题。这一次，莫泊桑是站在善的一面，以最真诚的心、最完美的形式叙述了雅娜的一生。

离开政府机关后，莫泊桑专心致力于写作，1883 年一年中，他便为《高卢人》和《吉尔·布拉斯》写了七十个短篇小说和两部长篇小说。他不断地写，直至他的神经痛复发，他的眼睛几乎瞎掉为止。

他曾写信给左拉，说他的眼睛几乎不能看书和写作，没有办法，只好请他的朋友帮他校对。但是他仍对病情满不在乎，继续埋头写作。只要报纸的编辑和出版商想要他的作品而且肯出高价收购版权，莫泊桑便有求必应，拼命地写。

由于教育的启蒙和天性使然，莫泊桑与文学结下了不解之缘。也许他发现文学是逃避外在世界的天堂，也是脱离残酷现实生活的最佳借口。现在，莫泊桑成了欲望的奴隶，他被名利所驱使，且不顾后果。

盛名之累

奢华的生活

　　第一部长篇小说《一生》的成功，以及其他短篇小说的继续畅销，给莫泊桑带来了巨大的声誉和财富，他的生活方式开始改变。现在，他在生活和社交上都显得阔绰而奢侈。如果为了追求财富和声望而继续这样辛劳下去的话，他的病情将会进一步恶化，甚至恶化到无药可救。但是在 1883 年以后，莫泊桑仍然会用整个上午的时间伏案写作，而在下午和晚间增加了些许的运动和应酬。

　　莫泊桑当然是喜欢运动的，但是应酬对他而言却是件苦差事。为了增加声望，他也抽出了不少时间，以应付他的仰慕者和一些贵族夫人，于是他得以进入上流社会纸醉金迷的生活圈。随着声誉的扩大，这种生活当然是不可避免的，不过也反映了法国当时的时代环境。

　　莫泊桑的声望使他有能力享受到那个时代法国社会的奢侈生活。正如莫泊桑所说的，"文学工业化"使他能够享受巴黎沙龙的高级情调和他华丽壮观的"蔚蓝海岸山庄"。《吉尔·布拉斯》刊载的短篇小说和《一生》的畅销，使他能将最近购置的巴黎公寓装修一新。他又买了一艘游艇，取名为"路易斯西特"，停靠在他的"蔚蓝海岸山庄"——他母亲经常去那里过冬，他自己也常去居住。

他也在埃特尔塔买了一幢房子和一大块土地送给他的母亲，并将这栋房子起名为"拉盖立特"，以作他日后避居之所。埃特尔塔没有巴黎的喧闹，也没有南方风景区那样游人众多，而且这里拥有莫泊桑最喜欢的海洋、新鲜空气和诺曼底乡村情调。在这儿，他可以在海里戏水，也能在风景如画的海岸划船，还可以在佣人的料理下接待来客。除此之外，最重要的是，这里环境清静、适宜写作。

这幢房子面积宽敞，有花园、鱼池和养鸡场，使他能享受到养鱼养鸡的乐趣。因为与上层社会的接触频繁，他家的壁架上收藏了琳琅满目的古董。他特设了一间贵宾接待室，使到这儿来参加晚宴的客人能在此过夜。

他也喜欢射击，常常带着他的两只矮脚猎狗出去打猎。莫泊桑有位美国朋友，名叫布南契·罗斯福，他曾到此探望莫泊桑，并于1889年在《妇女世界》杂志上发表文章，描绘了莫泊桑的居家生活形象：

> 莫泊桑的体形中等，身材不错，他留着武士胡子，前额稍为扁平，棕色的鬈发往后梳，这是当时最流行的式样。总之，他有一副爽朗而讨人喜欢的外表，他的眼睛是棕黑色的，轮廓鲜明的嘴巴被棕黑色的胡子

遮了一半，橄榄色的皮肤红润结实，这些都使他看起来诚恳而热情。

尽管莫泊桑的居家生活是不修边幅的，龚古尔却认为莫泊桑对于女性的吸引力在于他"帅得俗气"。

常到"拉盖立特"来拜访的都是他的邻居，像赫弥妮夫人和克莱曼丝·布朗。赫弥妮夫人是一位知识分子、业余作家，丈夫在罗马尼亚从事建筑事业。她一头金发、身材修长，莫泊桑眼睛出毛病时，她给了他很多帮助。克莱曼丝·布朗是一位咖啡商的妻子，也帮了他不少忙。

1884年4月，莫泊桑离开了居住多年的德龙街，搬到了蒙西宁街，奥布朗太太就住在对面的十一号，她是著名的"文学之家"沙龙的主人；亚当太太的沙龙离这儿也只有数百公尺。莫泊桑的住宅就紧邻这些时髦的沙龙区。

虽然他在蒙西宁街的住所布置得豪华气派，但是由于健康关系，他还是常常与他母亲待在"蔚蓝海岸山庄"，那儿的气候温和，除了方便与家人团聚和便于划船外，他还可以在那里与上层社会的朋友保持密切的联系。莫泊桑之所以要到"蔚蓝海岸山庄"定居，不过是受了社会风尚的影响，因为欧洲皇室都云集在这里，包括维多利亚女王、华莱士王子等。

恋人般的友谊

　　莫泊桑的名气使他收到了很多读者来信，当然其中也发生了一些滑稽的故事。一位女读者写来了匿名信，她要求莫泊桑做她的知己。莫泊桑对她的匿名感到怀疑，因为他曾经受到过匿名信的愚弄，所以他不想理她。他回信告诉她说，他并不是她想象中的那种人，他没有诗人气质，对写作毫不在乎：

　　　　我的诗一文不值，我对什么都没有兴趣，整天都
　　烦恼不已，只是偶尔写点东西，谁出价最高就给谁，
　　我后悔从事这种劳什子的工作，弄出了这么大的名气，
　　现在连你都知道了！

　　女读者还是不肯罢手，继续以匿名信答复，嘲笑他的冷漠和贪财，她说他并非第一个抱怨工作和为钱而写作的人。她在信中附上她所画的想象中的莫泊桑——一个脑满肠肥的人懒洋洋地坐在海边棕榈树下的椅子上，面前的桌子上放着

一杯啤酒和一盒雪茄。

莫泊桑回信给她，以牙还牙地加以反驳：

> 您的想象跟我本人很像，但是有些错误我得加以澄清：
>
> 一、我并没有那么胖。
>
> 二、我从来不抽烟。
>
> 三、我喝的不是啤酒或其他什么酒，而是水。所以，在一杯啤酒前面做梦，不是我喜欢的，我只喜欢蹲在东方式的沙发里。您问当代的画家我喜欢哪一个？米勒。音乐家？我可不喜欢音乐。
>
> 亲爱的教授，这就是我的嗜好……

塞阿曾对龚古尔说，莫泊桑是他生平所见最冷漠无情的人，但有的时候他又可能是最热情的人。他是一个内心充满了矛盾的人，就以他对女人的态度来说，他明明想找一个理想的伴侣，但他却又轻视女人；明明需要爱情，却认为独善其身更好；他写小说讽刺社会，却天生具有悲天悯人的情怀。

还有一个女人名叫基茜儿，虽然她长得非常美貌，但是她的性格却刚烈粗野，像个男人一样。她爱好雕刻、耍剑和射击，写作也侧重于女性解放。像她这种女性，为何会对莫泊桑这种男人产生兴趣，真是令人费解！或许她想改变他，也或者她只是对这位声名显赫的异性感到好奇而已。不管怎么样，她曾于 1881—1882 年之间写信给莫泊桑，要求和他见面。莫泊桑还是以怀疑的态度给她回信：

> 如果您只是好奇，而不是和我开玩笑，那么我愿意随时随地接受您的要求。不过如果见到了我你很失望，我也会觉得很尴尬。您希望结识的是一位诗人，那我就先给您泼一盆冷水，把我的一切先告诉您好了。我并不英俊，对女人也没有吸引力，我衣着随便，不修边幅，看起来就像个维修工或屠夫。我唯一的爱好，就是夏天时在莱茵河畔划船，炫耀我结实的胳膊，只有一个粗俗平庸的人才会这样干，不是吗？

另一位进入莫泊桑生命中的女人，是来自上层社会的女公爵爱曼妮娜·甫多卡。爱曼妮娜是当时社交界的名人，她长得娇小玲珑、美丽活泼，而且她丈夫的财富养成了她骄纵任性的个性。很快，莫泊桑便获得了她的青睐，而这位作家也乐得有这样一个身份显赫的朋友，这可以帮助他开拓事业。

很显然的，莫泊桑非常喜欢她的任性与活泼。他虽然对女人一贯持怀疑态度，然而对待爱曼妮娜，他的态度近乎奉承。1883 年，因为爱曼妮娜对《一生》销量的帮助，莫泊桑写道："我想跪下向您表示感激。"

他们俩维持了多年的友谊，但是到了 1884 年 7 月，女公爵便不欢迎他到弗莱德兰大道去了。这次决裂只是临时性的，不久之后，他们又开始来往了。莫泊桑甚至还参加了女爵的"马卡毕"晚宴。相传这种星期五晚餐是为了纪念很久以前的"朱丹"（昔日罗马统治的南巴勒斯坦的一部分）烈士而来的，每人在宴会中佩戴一枚女主人发的宝石徽章，徽章上刻有"为爱而生，为情而死"的箴言。

社交圈内的聚会和女公爵所组织的乡村与河畔旅行团，虽然给莫泊桑带来了很多的快乐，使他能暂时不去考虑他的苦闷及工作压力，但是他慢慢感觉到，这样下去，他就没有太多时间去写作了，因此他开始经常独自躲在乡下或海上。此后，他虽然与这位女公爵保持着联系，但参加"马卡毕"晚宴的次数却越来越少了。

在女爵府中，莫泊桑邂逅了另一位在他生命中分量极重的女人——30 岁的少妇玛利亚·坎恩夫人，她是犹太人的后裔，她和她的姐姐住在巴黎高级住宅区格兰尼尔一一八街。在这儿，莫泊桑结识了很多有名的作家，如包嘉特、阿拉道尔·佛兰斯、埃德蒙·劳斯坦特和许多艺术界的人士，还有许多犹太籍的资本家。

莫泊桑在他的小说里也创造了一些犹太人角色，并且对这些人略有批评，但在大多数时候，他是在讨论他们的某些特质及他们在经济上的成就。莫泊桑几幢豪宅的装潢以及他所创造的"文学工业化"的口号，就是因为羡慕他们的成就而刻意模仿。

坎恩的府第也像甫多卡府一样豪华，女主人也和爱曼妮娜一样迷人，因为玛利亚姐妹从小受到了良好的教育，而且读过很多的欧洲文学，所以她们的谈吐非常优雅。虽然她们显得有点苍白，但这对姐妹花依然楚楚动人。龚古尔对犹太人向来有点反感，但他在 1885 年 12 月 7 日的日记中，对玛利亚却颇为赞赏：

> 坎恩夫人懒洋洋地坐在沙发上，大而深邃的眸子流露出疲惫的目光，再加上玫瑰般的肤色、双颊上黑色美人斑点、倨傲的嘴唇，使她那疲倦的姿态，有时显得优雅斯文，有时又显得热情奔放，令人觉得十分迷人。她有点像俄国女人，有智慧而倔强的眸子和令人愉快的优雅谈吐……

莫泊桑有时能在甫多卡府见到她，或到格兰尼尔街去探访她，她也很乐意与这位高大、壮硕、庄稼汉般的作家来往。

另一位值得一提的女士是珍妮菲菲·史屈劳斯夫人。他经常到她的沙龙里去。她皮肤稍黑，光亮的秀发，炯炯有神的眸子，一副西班牙女人的相貌，虽然她并不十分美丽，但是她的友善和机敏却赢得了莫泊桑的好感。后来，她成了莫泊桑最真诚的笔友。

《漂亮朋友》

进入上层社会后，莫泊桑结交的对象越来越多，那些各种各样的女主人和她们的随从，这些形形色色的角色都在莫泊桑的小说《漂亮朋友》中体现了出来。

莫泊桑的《泰利埃公馆》和《菲菲小姐》出版后不久，哲学家丹纳便曾劝告莫泊桑，不要把他的"自然派"风格局限于底层社会，也要

莫泊桑的雕像

描述上层社会的面貌，但这一时期，他的作品里并没有出现什么改变。他的中篇小说《隆多里姐妹》从 1884 年 5 月 29 日开始在巴黎的《回声》报上登载，他依然非常关注底层社会的女性。他的另一个故事《亚芙荻》也具有相同的特质。

完成这两个故事后，莫泊桑便开始着手写作他的《漂亮朋友》，因为他急需要钱装修新居以便搬家。或许是对金钱的渴求，他顾不得还有其他很多的稿子要写和他的眼疾已经

严重恶化的情形，而决心要将这部小说在第二年二月完成。从第二年 4 月 8 日到 5 月 30 日，《漂亮朋友》在《吉尔·布拉斯》报上连载。因为哈弗特也在同时替他出版，所以这本书也在圣彼得堡的报纸上连载。

《漂亮朋友》描述的是法国驻阿尔及利亚殖民军的下级军官杜洛瓦来到巴黎，经友人介绍进入《法兰西生活报》当编辑，他依仗自己漂亮的外貌和取悦女人的手段，走上飞黄腾达的道路。最后他拐走了报馆老板的女儿，迫使老板把女儿嫁给他，自己也成为该报的总编辑。《漂亮朋友》这部小说的初期销量之所以未能达到莫泊桑的期望，是因为大诗人雨果逝世的消息吸引了大众全部的注意力。但是不久之后，这部小说在短短的 4 个月内再版了 37 次。当代评论家布鲁尼特生平对"自然派"粗鄙和伤风败俗的风格最为反对，但也认为这部作品是"自然派"中最杰出的作品。

当这部小说呈现在评论家和读者的面前时，大家都认为这是一部影射现实的小说，纷纷想从当代的人物及事件，寻找出书中角色所影射的对象，因此很多的新闻记者和作家都被人怀疑为小说中主人公的原型。

新闻界的反应最强硬，已有好几家报纸发出了抗议的吼声，说是《漂亮朋友》通过杜洛瓦这个人物丑化了新闻记者的形象。因为很多的新闻记者和作家都被人怀疑为小说中所影射的对象，莫泊桑不得不在《吉尔·布拉斯》报上特别发表了一篇声明，强调他并未在小说中影射任何新闻界的同仁，亦无任何特定的参考对象。

但是无可否认的是，杜洛瓦的野心与莫泊桑颇有相似之处。杜洛瓦的成功实际上就是在影射他自己，利用报纸争取大众，而跻身于上流社会之林。

对于这本书的争议，加上这部小说以当代社会为背景的写实价值，使他这部小说销量大增。因为他的其他小说也同样地惯于揭露当代社会的畸形面，普通大众特别喜欢这种刺激性的题材。

莫泊桑非常了解大众的口味，他通过杜洛瓦这个无名小卒的发迹之路，揭发了如此多的社会内幕，这也为他带来了声名与成功。莫泊桑无疑是一个天才。

这本书之后，莫泊桑声名远播，从巴黎到伦敦、柏林到圣彼得堡，这位雄心勃勃的杜洛瓦，被认为是那个年代法国扰攘不安的社会的缩影，他和他的作者都因此而名利双收了。

病魔缠身

像当时的上层社会希望尽情享受一样，莫泊桑是位成名的作家，他的作品销量，远超过当时的其他著名作家。他的收入使他能过上舒适的生活，拥有游艇以及豪宅，并和世界各地的贵族名流往来。只有极少数的几位朋友和他的家人知道，他去北非晒太阳、去爱克斯勒班洗温泉，是为了治他的病。其他大多数人都认为，他这么做，不过是有钱人的生活方式而已。

1888 年春，莫泊桑从北非度假回来时，身体显得健壮多了。他和他的伙伴们驾着他的"漂亮朋友"号游艇，时而在海上遨游，时而带着他的大狗和小猫在甲板上享受阳光，时而在海里游泳。谁也没有想到，死神会那么快夺去他的生命。

应邀到他艇上玩乐的贵宾以及许多来寻找刺激的客人都不知道，这位好客的主人身上竟然潜伏着那么严重的病。

1887 年年底至 1888 年年初，莫泊桑虽然花了很多时间在阿尔及利亚休假和在海上遨游，但是在他被病魔打倒之前，他还是写出了小说《皮埃尔与让》，并由他的老出版商哈弗特出版。

故事中皮埃尔和让是一对兄弟，后来皮埃尔发现，一个以前常来他家的男人去世后，将他的遗产全部留给了他的弟弟让，皮埃尔认为弟弟让是母亲与那个男人的私生子，并强迫母亲说出与那个男人的关系。

1888 年春，在《皮埃尔与让》出版的两个月后，他又开始他的下一部小说《像死一般坚强》的写作了。这部小说对莫泊桑的健康实在危害太大了。他对他的编辑哈弗特说，他的眼睛痛得厉害，使他几个月也没写什么东西。在不得已的情况下，他只好搁下笔，先去寻找治病的办法。

7 月到 9 月，他先是在爱克斯勒班洗温泉，10 月起到第二年的 3 月，他又往北非去晒太阳了。11 月里，他写信给史屈劳斯太太说，他要在非洲如火的烈日下，烤烤他的头痛和神经痛。但是光靠太阳和空气的疗养，弥补不了他这种繁重写作对健康的损耗。

也许有人感到奇怪，像莫泊桑这样成名的作家，竟然会为了经济的压力，不惜危害健康拼命地写作。1885 年后，他的收入从每年 4 万法郎，增加到 12 万法郎，难道还不满足吗？莫泊桑在做公务员时，每年收入仅 1600 法郎，而当时一个工人每年的收入还不到 900 法郎。显然他的开销太大了，为了得到更多的钱，他常常提高作品的价格。

《吉尔·布拉斯》的人反对莫泊桑整天涨价。有人曾极力劝阻哈弗特，因为以每行字 22 苏的价格购买莫泊桑的小说，实在太贵了，哈弗特却回答说，莫泊桑还要继续涨呢！

80 年代中期，莫泊桑决定要把弟弟艾尔维安顿下来，并完成终身大事，此时，他的财务上又增加了一项很重的负担。艾尔维从小便生长在一个父亲缺席的家庭里，加上母亲长年患病，他慢慢变成了一个放荡不羁、经常逃学的问题少年。《一生》中的保尔，据说就是以艾尔维为原型。

洛尔曾对福楼拜说过，她的次子艾尔维不宜从事文学或智力方面的工作，1887 年，艾尔维服完兵役后，他的工作就成了一个难题。莫泊桑曾设法在他原服务的教育文化部、银行和巴拿马的狄力士甫建筑公司等处为他谋一个差事，但一直没有结果，艾尔维便一直跟着母亲住在法国的南部，并于 1886 年春，娶玛利亚·瑟蕾丝·方唐·安登为妻，第二年生下了女儿茜蒙妮。莫泊桑出钱替他弟弟在安狄毕斯附近购置了一所农庄，至此，全家人才松了一口气，莫泊桑也认为这是他为弟弟所做的最后一件事了。

不过好景不长，才过了几天安生日子，1887 年夏天，艾尔维却患了重病，第二年又出现了癫痫症的症状。1888 年秋，艾尔维的病情最严重时，莫泊桑写信给他父亲说："艾尔维已经完全神志不清了，吃晚饭时他又发作了，一直闹到精疲力竭才终止。"1889 年初，艾尔维的病情更为恶化，他甚至要勒死自己的太太，莫泊桑不得已，只好在巴黎附近找了一家疗养院，将他送进去疗养。因此，弟弟一家的担子又落到了莫泊桑的身上。

为了照顾这个家庭，莫泊桑需要努力地工作。1889 年他写信给他父亲说："我这样工作真是够辛苦的，我已经尽了最大的努力，牺牲了一切应有的享受，眼看着我挣下的这些钱似水般流去……"

事实上，莫泊桑这种牺牲并没有带给他什么安慰，相反，这种体力的无限度消耗确实是加速了他自己的死亡。尽管这个担子压得他喘不过气来，他的下一部长篇小说《像死一般坚强》仍然很快就问世了。

《像死一般坚强》取材自所罗门王之歌，小有才能的画家奥利维埃·贝尔坦对于学院派的陈规与现代派的出格都无好感，他走的是一条折中路线，一条中庸的夹缝路线。他的画风使他赢得了伯爵夫人安娜的青睐。他为她画了一幅像，一幅美艳而又不失庄重的像。可是岁月无情，多年以后，安娜的女儿安奈特回母亲身边。年老色衰的安娜看到安奈特时，仿佛看到了画像中的自己，因为安奈特就和画像中的安娜一样动人。一种岁月的凄苦压抑着安娜，仿佛她已经被人取代，被人置换了。

而奥利维埃也从安奈特身上重新找到了昔日那个光彩夺目的女人，他为她着迷。当安娜看到奥利维埃想象性地把情感倾注在安奈特身上时，她知道，他追逐的只是自己昔日的影子而已，她向他道破了这一点。愁肠百转的奥利维埃在失落中外出散步时，被公共马车撞倒了，受了重伤。他把这种遭遇视作命运的安排，并以一种宁静而又坦然的心境等待死神的到来。

这部小说中的意念和矛盾与莫泊桑其他的作品大致相似，反映出他的悲观态度，不过，它却比《皮埃尔与让》及《温泉》两部小说更讽刺、更悲观。无疑，这部小说正是作者所处环境下的产物。

这部小说出版之后，莫泊桑的噩运接踵而至。他的弟弟已从疗养院返回家中，病情并未见好转。莫泊桑通知他父亲说："艾尔维是个疯子，疯癫症随时会发作……让他留在家里，对家里的人是非常危险的。"于是莫泊桑又到处找疗养院，最后选了布朗的一家疗养院。但是在送艾尔维走之前，还得征求母亲和弟媳的意见。艾尔维的妻子很不愿意将她的丈夫送走，洛尔则深恐儿子这种有些丢人的病会被人知道。此时莫泊桑写信给他父亲说："情况越来越坏，不能再拖了。除了下定决心外，我已别无选择了。"

做出这个决定对莫泊桑来说并不容易。他骗弟弟说要到朋友家去玩，到了疗养院，他把他骗进一间小房子里，指着窗外的景色叫他看，在艾尔维专心地看窗外的风景时，莫泊桑便溜了出来。他的弟弟马上就明白是怎么回事了，他愤怒地敲门，骂他哥哥疯了，要这样待他。对善良而顾家的莫泊桑来说，这一幕势必会长久留在他心里，进而影响到他的健康。

没过多久，艾尔维就去世了，死时只有33岁。艾尔维的生病和死亡，不仅在情绪和经济上给予莫泊桑很大的打击，也给他的母亲洛尔带来永远的悲痛。他写信给露易丝·波黛芬说："我母亲不但不能走动，连话也说不出来了。"并向玛希尔黛公主报告说，他母亲因悲伤过度，如今只能靠药过日子，他已为母亲在格拉斯租了一栋别墅，以便她在那边疗养。

艾尔维死后，莫泊桑还得继续照顾他的妻子及女儿。他还举行了家庭会议，决定照顾他的侄女到成年。后来，莫泊桑在遗嘱中将大部分的财产都留给了茜蒙妮。

经过这次重创后，莫泊桑觉得他自己也需要休息一会儿了。其实早在那年夏初，他已在莱茵河畔租了一幢别墅，因为那里宁静，宜于写作和划船，但是几个星期后，他发现到这儿来拜访的客人太多，而且河畔居民的生活复杂，只好又迁回他老家埃特尔塔去了。但是，这儿天气太冷，加上那时他弟弟的病情恶化，需要他回坎尼斯去照料。

到了秋末，一切该发生的事都已发生过了，他确实需要好好地调理一下自己的身心。他计划驾着游艇，沿意大利的海边，停泊于风景优美的小海港，一面休息，一面撰写他的下一部小说。

游艇上的生活并没有他所想象的安静，因为水手雷蒙德的鼾声经常使他无法入睡，他只好在山达马格赫利达租了一间公寓，以便完成他的小说。他可以从这里乘火车到比萨畅游，他还和他的佣人弗朗索瓦同游佛罗伦萨。这次，他们只游玩了六天，就因莫泊桑的胃病突然发作而结束了。这显然是过去的几个月来的打击和忧伤累积的结果，他们只好急忙返回坎尼斯休养。

1890年10月23日，莫泊桑在鲁昂广场参加福楼拜纪念碑的揭幕典礼，莫泊桑冒着雨与诗人约瑟·玛利亚站在碑前交谈时，龚古尔仔细看了他几眼，他在日记中记载，这位年仅40岁的作家脸色苍白憔悴，眼中露出奇怪而茫然的神色。

1889年11月返回法国后，病痛就没有一天离开过他，他每天都得看医生。眼睛的偶尔失明和神经阵痛越来越严重，他只好到处探访名医、专家。当他找的医生都不见效时，他又到埃特尔塔去找福田医生，或到比桑去找波兰医生。他虽然对所有的医生都有所怀疑，但是也只有医生才能帮助他和他的母亲减轻痛苦。一开始他还能对他们保持尊敬和亲热，但是当发现他们的处方不生效时，莫泊桑便会反目甚至嘲讽了。

尽管如此，在此后的两年中，莫泊桑仍然找了无数的医生、专家。诊断的结果有感冒、神经痛、偏头痛、神经炎等。包查德认为莫泊桑的病是一种"神秘病"。有人推荐热水浴和太阳浴；有人建议用吸血器放血；有的医生叫他不要烤火，不能吹晚风；还有医生推荐各种温泉浴。

在治疗无效的情况下，莫泊桑只有靠吗啡来减轻痛苦，写作是不可能的了。1890 年 6 月，他进入佛斯基山，住在坎恩姐妹的别墅中疗养，那儿依山傍水，空气新鲜。7 月，他回到南部的爱克斯勒班洗温泉。8 月则转到卜劳姆波里斯，在那儿，他的胃病有了些好转，但是由于天气太冷，他的头痛和眼睛失明一点也没有起色。至 9 月初，他又从马赛出发，到阿尔及利亚待了三个月。

所有的方法都用过了，而他的病情却丝毫不见好转。莫泊桑的脾气也越来越暴躁，这可以从他这时的许多信件以及他对待周围人的态度上看出。

莫泊桑对做生意也一向是比较苛刻的，他经常抱怨他的编辑工作没有效率。对出版商也一样，他常常粗鲁地对待他们，这可能是因为他对名利的追求过于急切了。1890 年冬天，他要挟出版商哈弗特付他额外的版税，否则就要采取法律行动。1891 年 3 月 5 日，他写信给另一位作家说：

"哈弗特把钱付给你了吗？我要采取法律途径查询他的账目，也希望搜集别的不利于他的证据。"这其实是很不公平的，幸好莫泊桑很快就离开了巴黎，这件事才由他的律师替他摆平。

1889年11月，他与表妹露易丝·波黛芬的纠纷也很激烈。因为莫泊桑要将露易丝租给他的房子退掉，而露易丝则向他索取他不在时的水、电、瓦斯等费用。莫泊桑对这纸契约愤慨不满，他在写给露易丝的信中提到了多年前他们两家的争执，威胁她事情将对他们之间的关系不利：

> 我感到大为惊讶，因为你居然向我索取我不在巴黎期间的水、电、瓦斯等费用……这事我也不想说了！……不过我得告诉你，你们家以前还想霸占我祖父的遗产呢！要不是我阻止了我的父母，我们两家早就决裂了……因为顾念这点关系，我要对你说，你们根本就没有付过一毛钱，事实上，我不仅替你们付了所有的费用，而且光是水管和瓦斯的装置费用我就花费了2500法郎。最后，我们来算一算账，我借给你3000法郎，你也答应过从房租扣除，这一来，你还有什么好说的？当然，我们的关系更就没什么好说的了。

这件事过后，莫泊桑便从他表妹的房子搬出来，搬到雨果路十四号公寓。不久之后，因为楼下面包店太过吵闹，他晚上无法睡觉，为此他大为恼火。他写信骂房东骗他，威胁要采取法律行动，并请几位建筑师和医师来家里吃晚餐，以备诉讼时要他们作证。

经过律师的协调，莫泊桑与房东解除了租房合同，他又于 1890 年 4 月搬到波卡多街二十四号一幢新公寓中。不久之后又发生了一件事。出版商查潘特再版了《梅塘之夜》，莫泊桑的《羊脂球》也在其中。查潘特决定请画家多茂林画六位作者的肖像画，放在书里以作装饰。5 月底书已出版了，作家的肖像也印出来了。莫泊桑和他的编辑哈弗特之前都声明过，不准别人出版和复制莫泊桑的照片。因此，莫泊桑一听说查潘特已刊出了他的照片，立刻就火冒三丈。

5 月 30 日，莫泊桑写信谴责查潘特，说他未经允许便贸然从事，他要求查潘特立刻将书中所有他的照片都除掉，而且以后也永远不准使用。最后，莫泊桑还威胁对方，如果不把所有印有他照片的书收回，他将要采取法律途径。莫泊桑也写信给画像的多茂林，说他要采取法律手段。这些出版商按照他的意思，把全部印有他照片的书收回，并向他道歉，所以他们在庭外和解了。

莫泊桑的崛起，使他获得了名誉和财富，他那贪图享受的性格、他的精锐敏感的头脑，也成了那个时代的典型。莫泊桑已不可能再返回到他淳朴的过去，而他也为他巨大的声名付出了沉重的代价。

死神的召唤

莫泊桑之墓

从1890年秋天直到他去世，莫泊桑这段时间的生活简直就像一场摩尼教徒的战争，在这场战争中，他生命的光辉渐渐地被黑暗所吞噬，他的智慧、成功、财富、机敏的头脑及健康的身体，都被他致命的病痛以及随之而来的心灵上的失望和惆怅慢慢地侵蚀了。

这一年，他刚满40岁。这样一个聪明、敏感而悲观的人，当他得知自己患了这样一种不治之症，很可能会因绝望而自杀。而弟弟的死亡、母亲的重病，以及他自己为了赚钱不顾病痛坚持写作，这一连串的病苦，已把他逼到了绝望的边缘。正如他在书中所说的，他个人生命中痛苦的绝望，以及他对这个世界的讽刺，是没有办法改变的。

1891年3月，莫泊桑的戏剧《慕索特》演出成功，而他也计划把他的短篇故事《亚芙荻》编成戏剧诗，并开始写作他的名为《天使》的长篇小说。尽管他仍有这么多的计划和希望，但在他生命的最后岁月里，这些东西丝毫未减轻他的失望和痛苦。

这部没完稿的《天使》，说的是 1870 年的普法战争中，布兰蒙特女爵在家被普鲁士军官强暴，生下了一个跛脚儿子，以及这个跛脚儿子悲惨痛苦的命运。这部小说实际上就是莫泊桑的绝望以及他谴责无情的造物者的心声。虽然莫泊桑的眼睛疼痛，记忆模糊，但他还是集中精力，希望能完成这部小说。然而在 1891 年 3 月，他对母亲说："我的眼睛痛苦不堪，不能写作，我的大脑也已整个瘫痪。"

此时，他计划前往西班牙和摩洛哥作日光浴，在这之前，他打算先到南部的尼斯租个清静的房子，来完成他这部小说。但是由于《慕索特》的上演，他的旅行未能成行。这段时间，因为天气严寒，加上他过度劳累，他的病情更加严重了。3 月 14 日，他写信给母亲：

> 别为我的健康担心，我只不过是眼睛和头脑疲劳过度而已，当然，也可能是天气太冷的关系。我很好，胃也不痛，只要有新鲜空气，然后好好休息一阵，我就会好的。

其实他并不好。他应邀在玛希尔黛公主的圣格拉町住了一段时间。玛希尔黛公主在一次晚饭后对她的朋友说："他怎会变成这个样子！我真害怕，他说话时结结巴巴的，对什么事都大惊小怪，并总说他的病已经好了。"

3月18日，莫泊桑写信向他的医生亨利·卡斯利说："昨天我非常痛苦，到晚上不仅没有好转，还一直做噩梦，我觉得我已经整个昏迷了。"4月间，他再度写信给卡斯利说："我的病这么严重，我都不知道我能不能离开这儿……我这讨厌的病！它使我的眼睛不能看，身体也弱不禁风。到底为了什么，竟然要这样折磨我！"

5月底情况稍见好转，他已经自行离开巴黎，到坎尼斯与母亲相聚了。这时，他又想驾游艇驶往西班牙，早晨他驾着游艇从马赛出发，在海上航了一夜后进入公海，但海面上突然刮起了一阵烈风，他的游艇被迫返回港口。失望之余，莫泊桑只好放弃海游计划而改为晒太阳了。

回来后，莫泊桑依照医生的指示去洗温泉，一开始他住在一个医生的家里，后来因为他误将老鼠的叫声听成鬼叫声而搬到了旅社去住。在这里，他洗了大约50次冷水浴。此时，他的身体虽然已经恢复正常，但由于神经系统已经受损，因此那鬼叫声仍然不时出现在他耳边。他的头又开始在痛了，1891年6月，他写信向卡斯利医生说："我的身体还是很好，但是我的头比以前更糟糕。我老早就想打一颗子弹进去……天啊，我真受够了！"因为服用了太多的退热剂，他的大脑开始昏沉，连连的梦魇使他四个月都未能安睡过。但是他没有完全绝望，他还希望能继续完成他的小说，并实现其他的计划。

基于这点信念，他又依从卡斯利医生的指示，到日内瓦附近的青泊尔继续作冷水浴疗，希望病情好转后能完成他的小说。莫泊桑曾将他所写的《天使》念给卡斯利的一位诗人朋友道杰安听。道杰安说，莫泊桑为这部小说投注了全部的心力，如果不能完成，他必定会自杀。

结果，和在巴黎时一样，工作使他变得急躁易怒、歇斯底里。他喜欢大声说话，好让人们知道他是如何的清醒，甚至连9月底返回坎尼斯前，医生劝他少洗冷水浴，他也要和医生争吵。

回到"蔚蓝海岸山庄"后，莫泊桑租了一间小房子，以便晒太阳和写作，但是写作很快因为眼睛的病痛作罢。接着，他又回到了巴黎处理一些事情。在巴黎的半个月中，他开始与律师商讨遗嘱的事。

10月底，在返回坎尼斯前，他曾请教格兰杰医生，他回去后应如何自疗。医生告诉他不要看书和写作，他给他配了药，要他继续洗冷水浴，并告诉他吗啡只是镇痛而已。他的神经系统已经被细菌腐蚀了，现在细菌又开始侵入他的脊椎，因而会影响他的大脑。冷水浴能使他获得短暂的清醒。但是过不了多久，他的病情就加速恶化了，两个月后返回巴黎时，他已经需要躺在担架里了。

回到坎尼斯后，他虽然遵照格兰杰医生的指示，洗冷水浴、服用吗啡等，但效果一直不好。于是他又转而听从卡斯利医生的建议，除了洗冷水浴外，还用盐水洗脸，没想到这一洗，情况就更糟了，他的头和胃剧烈地疼痛，还浑身冒汗，口中也开始流出一种浓浓的黏液。

12月5日，他写信告诉卡斯利医生说："我根据医生的方法治疗后，病情更严重了，我恐怕活不了几天了。"他形容他自己"就像一只狗在静悄悄的夜里哀鸣"。吗啡和盐水浴似乎成了他的催命符，但他的神志还是很清醒。12月底，他再度写信给卡斯利医生，说道："昨晚我很难过，几乎不能说话和呼吸。我的头痛非常剧烈，只好用双手将它抱住……我的情况很可怕，我想这是我死亡的开始。"

到圣诞节时，他的精神已完全涣散。他一向是与他母亲共度圣诞，但这次却是与坎恩夫人姐妹在一起。第二天，他给母亲发了一封语意含糊的电报，说他的两位女主人受到他和他母亲诸多打扰。他还告诉佣人说，他出去散步时，在墓地附近遇见了鬼。

莫泊桑知道自己快不行了，至少是快疯了。他赶紧写信给他的律师，"我快死了，我相信我在两天内就会死去。"在写给卡斯利医生的信中，也是同样的诀别语气："我的脑子已被我用盐水洗澡洗脸弄坏了。盐水在我脑子里发酵，以致我的鼻孔和嘴巴里每天晚上都流出一种黏液……我已完全没有希望了，我在死亡的痛苦中挣扎，我的脑子整个模糊了。朋友，再见！您再也看不到我了……"

以莫泊桑所述的病症来判断，梅毒毒菌已侵入到他的脊椎骨，他的神经系统已经遭到破坏。盐水带来的影响只是他产生幻觉的部分因素。

在写信给卡斯利的同时，莫泊桑也趁自己神志清楚的时候，向玛利亚·坎恩夫人道别。他给玛利亚写了一封信，叮嘱她在他死之前，别告诉任何人，他说："我只能活几天了，医生们都这样说。由于误听那些庸医的指示，我用盐水洗了一个礼拜的澡。我谨以虔诚的友谊向您道别。啊，我可怜的母亲……"

与所有的好友告别之后，莫泊桑便静静等着死亡的到来。但是死神并没有马上到来，于是他生起了自杀的念头，这种念头恐怕是数月之前就有了。莫泊桑决定于1892年1月2日采取行动。

他的仆人弗朗索瓦早有提防。因为害怕莫泊桑的枪会伤害到家人，或者他用它来自杀，所以弗朗索瓦早就把枪里的子弹取了下来。等着进入天国的莫泊桑只听到扳机的咔嗒声而已。接着，他又抓起桌上的裁纸刀，想割喉自杀。这种方法也没成功时，他又用拳头猛击窗门，希望敲破玻璃跳窗自尽。但这种敲击声惊动了他的仆人，弗朗索瓦和水手雷蒙德合力将他制止，此时他已是头破血流了。

这次自杀失败后，他的疯癫更为严重了，一醒来便嚷着战争发生了，要弗朗索瓦和他一起入营报到。他这些神志不清的举动，很像前年艾尔维的症状。洛尔很不愿别人知道她大名鼎鼎的儿子被关在疯人院里的事，所以始终不肯答应，最后才勉强同意将他送往精神病医生布兰杰在巴黎所开设的漂亮、舒适的诊所。

1月4日，诊所派了一名男护士来到坎尼斯，两天后，在仆人的协同下，莫泊桑被带上火车送往巴黎。出发前，他们带他去看停在坎尼斯港的"漂亮朋友"游艇。他们大概是希望他看到了自己的游艇，能恢复一点正常的意识。但是没有用，莫泊桑只是呆呆地望着游艇。

在巴黎车站与卡斯利医生以及出版商哈弗特会面后，他们就用担架把他抬到医院，由两位医生照顾。

这段时间里，报纸上都报道说他已经疯了，其实在他去世前六个月，他并没有完全失去理性，偶尔也很清醒。在清醒时，他能看报纸，或是和他的仆人及护士在院子里散散步，也接见来看望他的朋友，如卡斯利、塞阿、封丹和艾伯特·卡汉等。

1892年年底以后，就如龚古尔日记中所写的，"莫泊桑已开始变成一只野兽了"，可见他已完全失去了理性。

他咒骂弗朗索瓦侵吞他的金钱、抄袭他的作品、侮辱上帝，他说自己是上帝之子，被一堆鸡蛋的意象弄得头脑模糊，并经常提起他乘火车时，在车上与朋友讨论夺取整个世界。这些东西听起来确实有趣，但是从医学上分析，这只是因为第三期的梅毒病毒发作，导致他正常意识崩溃后，进入狂妄、被迫害意识的一种癫狂症的表现。

　　1893 年复活节时，莫泊桑的情况曾稍为好转，他已经能够到院子里散步，欣赏春天绽放的花朵和欣欣向荣的草木，可惜他的癫狂症又发作了，他开始狂叫、大闹，并用弹子乱丢别的病人。这样一阵发作之后，接下来就是身体虚脱、眼睛发白，到最后站也站不稳。

　　1893 年 6 月底，在一阵前所未有的强烈痉挛发作后，莫泊桑立即陷入了昏迷，最后，在 7 月 6 日上午 10 点 45 分，死神终于降临，将他从极度的痛苦中带走了！

　　7 月 7 日，莫泊桑被葬在蒙巴纳斯墓地，享年 43 岁。莫泊桑的生命是短暂的，但他的作品却是永恒的。